타인의 의미

타인의 의미

김행숙 시집

민음의 시 169

민음사

自序

나는 걷다가 걷다가
지구에는 골목길이 참 많다는 생각을 했습니다.

어떤 삶,
열렬하고 고독하고 게으른 삶에 대해 생각했습니다.

2010년 10월
김행숙

차례

自序

1부

포옹　　13
목의 위치　　14
침대가 말한다　　16
서랍의 형식　　19
밤입니다　　20
공진화co-evolution하는 연인들　　22
빈방　　24
아침 식사　　25
타인의 의미　　26
회화 수업　　27
주택가　　28
꿈꾸듯이　　30
다른 동네　　32
계단의 존재　　34
가로수의 길　　36

2부

발 2　　41
여행에 필요한 것들　　42
화분의 둘레　　44
따뜻한 마음　　46
찢어지는 마음　　48

호흡 1 50

호흡 2 51

이 사람을 보라 ― 호흡 3 52

진흙인간 53

가까운 위치 54

누군가의 호흡 56

네가 진짜 원하는 것은 무엇인가 58

어떤 손님 60

유령 간호사 62

웨이트리스 64

하얀 발 66

투명인간 68

신발의 형식 70

3부

순간의 빛 75

머리카락이란 무엇인가 76

말굽에서 피어오르는 흙먼지 78

움직이는 자화상 80

귀 82

모자의 효과 83

보호자 84

떨어뜨린 것들 86

잠 88

그곳에 있다 89

우주 정거장처럼 90

머리를 쳐들며 92

커브 95

혼자 노는 아이가 아니다　　96
세 자매　　98
흐르는 강물처럼　　100
허공을 물어뜯는 개들　　101
가까운 곳　　102
먼 곳　　104

4부

너의 폭동　　107
탁자의 유령들　　108
네 이웃의 잠을 사랑하라　　110
당신의 이웃입니다　　112
하늘의 길　　113
연인들　　114
1년 후에　　116
물의 친교　　118
당신이 지진이라면　　120
소나기　　122
이 책　　123
합창단　　124
어두운 부분　　126

작품 해설 / 이광호
한없이 가까운 세계와의 포옹　　127

1부

포옹

볼 수 없는 것이 될 때까지 가까이. 나는 검정입니까? 너는 검정에 매우 가깝습니다.

너를 볼 수 없을 때까지 가까이. 파도를 덮는 파도처럼 부서지는 곳에서. 가까운 곳에서 우리는 무슨 사이입니까?

영영 볼 수 없는 연인이 될 때까지

교차하였습니다. 그곳에서 침묵을 이루는 두 개의 입술처럼. 곧 벌어질 시간의 아가리처럼.

목의 위치

기이하지 않습니까. 머리의 위치 또한.

목을 구부려 인사를 합니다. 목을 한껏 젖혀서 밤하늘을 올려다보았습니다. 당신에게 인사를 한 후 곧장 밤하늘이나 천장을 향했다면, 그것은 목의 한 가지 동선을 보여줄 뿐, 그리고 또 한 번 내 마음이 내 마음을 구슬려 목의 자취를 뒤쫓았다는 뜻입니다. 부끄러워서 황급히 옷을 주워 입듯이.

당신과 눈을 맞추지 않으려면 목은 어느 방향을 피하여 또 한 번 멈춰야 할까요. 밤하늘은 난해하지 않습니까. 목의 형태 또한.

나는 애매하지 않습니까. 당신에 대하여.

목에서 기침이 터져 나왔습니다. 문득, 세상에서 가장 긴 식도를 갖고 싶다고 쓴 어떤 미식가의 글이 떠올랐습니다. 식도가 길면 긴 만큼 음식이 주는 황홀은 천천히 가라앉을까요, 천천히 떠나는 풍경은 고통을 가늘게 늘리는 걸까요, 마침내 부러질 때까지 기쁨의 하얀 뼈를 조심조심 깎는 중일까요. 문득, 이 모든 것들이 사라져요.

소용없어요, 목의 길이를 조절해 봤자. 외투 속으로 목을 없애 봤자. 그래도 춥고, 그래도 커다란 덩치를 숨길 수 없지 않습니까.

그래도 목을 움직여서 나는 이루고자 하는 바가 있지 않습니까. 다리를 움직여서 당신을 떠나듯이. 다리를 움직여서 당신을 또 한 번 찾았듯이.

침대가 말한다

나는 침대로서의 면모를 잃지 않았다. 작은 삐걱거림도 모두 나의 본성에서 연유하는 것. 그러나 도마 위에 누웠다고 느끼는 건 오직 너의 문제. 파 뿌리처럼 발이 잘렸다고 소리치는 건 나를 떠날 마음이 없기 때문이 아닌가. 진실로 진실로 이 순간만큼은 네가 대파의 아픔에도 공감한다는 것인가.

너는 왜 모든 문제를 내게 끌고 들어오는가. 오늘 너는 식칼처럼 누워 있다. 침대는 너의 연인을 눕히듯이 너의 어린아이를 눕히듯이 식칼도 눕힐 수 있다. 너는 내 위에서 무엇을 저미고 다지고 마침내 팔을 높이 쳐들어 내리치고 있는가. 언제나 너의 침대는 모든 것을 부드럽게 이어 주고 싶다. 나는 너의 팔이 펜과 이어지고 노트와 이어지고 긴 이야기와 끝없이 이어지던 밤을 기억한다. 아침에 스르륵 잠이 들었고 가장 밝은 한낮까지 이어지던 꿈을 나는 이어 가고 싶다.

그러나 거울 위에 누웠다고 느끼는 건 오직 너의 문제. 너는 침대를 독차지했다고 생각한다. 너는 침대의 기억을 무시한다. 내 위에서 벌어진 사건들을 너는 상상하지 못한다. 너는 한 장의 시트를 갈면 모든 게 지워지는 줄 안다. 죽어 가는 사람이 죽는 순간에 남긴 무의미한 음절을 나는 기억한다. 그가 이루지 못한 것은 결국 하나의 단어인가. 죽음의 입술로부터 가능성을 이어받은 음절과 다음에 올 음절은 빛처럼 갈라져서 먼 곳으로 떠났다. 그것은 무한한 문장이 되고 우주처럼 무한한 편지가 된다. 나는 그의 똥오줌도 기억하고 그의 말년의 사랑도 기억한다. 나는 사랑하는 한 쌍의 몸들을 솜털까지 기억한다. 잠을 청하는 인류는 최종적으로 제 몸을 누일 땅을 파듯이, 오오 죽음을 핥듯이 다른 몸을 탐하고 미워하고 곡해하고 그리고 가장 외로워한다. 잠의 사전에 중단은 없다. 잠은 불꽃과 같아서 너희의 엉덩이는 앗, 뜨거워지는 것이다. 내게 오랫동안 머물렀던 정든 육체가 동굴처럼 깊어지던 순간들을 시시각각 변하는 저녁 하늘을 바라보듯 나는 그릴 수 있다. 작은 몸을 괴롭힌 욕창이 그가 잠든 사이에 더욱 장엄해지듯이 너희는 어디라도 더 빠져들고야 마는 것이다. 왜 너는 외면하는가.

너는 왜 참을 수 없는 것을 보았다는 듯이 돌아눕는가. 혼자서 너는 연극을 하는 것 같다. 누가 너의 대사를 썼는가. 나는 무대인가, 어둠 속 팔짱을 낀 관객인가. 그러나 어느 쪽으로 돌아눕든 그것은 오직 너의 문제. 그것이 오늘의 고독이다.

　침대는 인간적인 변덕과 무관하다. 나는 언제라도 어디라도 너와 함께할 것이다. 연약한 너는 하루도 지치지 않는 날이 없다. 네가 진정으로 원하는 바는 잠에게 순순히 끌려가는 것. 그곳이 어디라도 눈을 감고 따라가는 것. 잠의 염료통에서 너의 전부를 물들이는 것. 나는 밤새도록 잠들기 위해 애쓰는 너를 돕고 있다. 도마 위에서라도 거울 위에서라도 뾰족한 시곗바늘 위에서라도 너에게로 잠은 꼭 찾아올 것이다.

서랍의 형식

서랍 바깥의 서랍 바깥의 서랍 바깥까지 열었다

서랍 속의 서랍 속의 서랍 속까지 닫았다

똑같지 않았다

다시 차례차례 열었다

다시 차례차례 닫았다

세계의 구석구석을 끌어 모은 검은 아침이 서서히 밝아 왔다

누군가, 누군가 또 사라지는 속도로

밤입니다

눈을 떴는데, 눈을 감았을 때와 같은 어둠!

당신의 몸은 없고 당신의 목소리만 있습니다. 부엉이는 없고 부엉이의 눈빛만 허공에 떠 있습니다.

부엉이가 남긴 눈빛일까. 어둠이 남긴 눈빛일까. 당신으로부터 나오는 목소리일까. 어둠의 목젖으로부터 흘러나오는 목소리일까.

부엉이의 날개는 머릿속에서만 수천 번 퍼덕입니다. 머리가 날아갈 것 같겠지만, 머리가 날아가기 위해서는 진짜 칼이 필요합니다. 진짜 죽음이 필요합니다.

나는 부엉이의 약간 구부러진 발톱을 상상합니다. 보이지 않는 나뭇가지를 움켜쥐고 있는 보이지 않는 발톱에 대하여. 보이지 않는 발톱에 물려 죽은 보이지 않는 쥐에 대하여.

눈을 떴는데, 눈을 감았을 때와 같은 어둠!

꿈속에서도 당신의 목소리를 들었습니다. 그러니까 눈을 감았을 때 말입니다.

꿈속에서도, 보이지 않는 부엉이의 눈빛, 발톱, 먹잇감을 보았습니다. 죽은 쥐, 죽은 병아리, 죽은 닭이 어둠처럼 투명했습니다. 그러니까 눈을 감았는데, 눈을 떴을 때와 똑같은 어둠!

밤입니다. 밤입니다.

나는 깨어 있습니다. 깨어 있지 않았다면, 그러니까 꿈을 꾸고 있었다면 나는 비교하지 않았을 것입니다. 눈을 떴을 때의 어둠과 눈을 감았을 때의 어둠. 눈을 떴을 때의 빛과 눈을 감았을 때의 빛.

살았을 때와 죽었을 때.

공진화 co-evolution하는 연인들

네가 손을 내밀자 춤이 시작되었다
또 한 쌍이 만들어졌군, 언제나 구경꾼처럼 말하는 사람들이 있다
그러나 가장 먼 곳에서 뛰어와서
포옹을 하는 연인들
혼자서는 할 수 없는 일이었어
그래서 우리는 함께했지, 싸움도
너의 손은 너의 호주머니로
나의 손은 나의 호주머니로 들어간다
호주머니가 없는 옷을 입고 나왔으면 어땠을까
아하, 검은 주머니가 중요하군, 깜깜한 데서 혼자 생각하는 것 말이야
둘이서는 할 수 없는 일
이것은 혼잣말이지

네 개의 발이 손과 발로 처음으로 구별되었을 때
손의 기분은 어땠을까
둥둥 떠 있는 기분이 어땠을까
어둠 속에 누구의 손이 있었나, 확 피어나는 성냥불

그림자가 컬러를 가질 때
예상할 수 없는 것들이 튀어나온다
두 개의 손이 오른손과 왼손으로 처음 분열되었을 때
모른 척하기로 했던 것을
정말 모르게 되었을 때
영원한 수수께끼처럼
사랑은 자꾸자꾸 답을 내놓지, 너를 사랑해
그리고 너를 미워해도 이야기는 계속된다

빈방

'태어나지 않게 해 주세요.' 가난한 여인의 기도 속에서 네 번째 아이가 태어났습니다.

캐스터네츠같이 반짝이는 언니들 틈에서 네 번째 아이는 조용히 자라 방을 독차지했습니다. 네 번째 아이는 탐욕스러웠습니다. : 그것이 마치 빈방과 같았군요.

아무도 잠들지 않는 빈방은 광기로 채워지기 쉽습니다. : 그것은 아름다운 방이 되었다는 얘긴가요?

싫어하는 것들이 있어서 우리는 도덕적으로 고양됩니다. 싫어하는 것들이 있어서 힘껏 매질을 했습니다. : 싫어하는 것들이 있어서 사랑을 찾아갔잖아요. 그다음 이야기는 하나님도 모르시나요?

아침 식사

몇 시간 동안 강렬하게 원했다. 지금 막 돌멩이가 떨어지고 있는 우물의 낯빛으로.

멀어지는 우물 속으로 뭐든지 사라질 수 있다. 돌아오지 않는 것들을 위하여 높이 음식을 쌓아 올리고 싶다. 영원히 성실한 손으로.

배꼽이 사라질 때까지 배꼽을 들여다보는 눈으로 너를 놓칠 때까지 너를 열렬히 바라보았다. 구멍이 뚫릴 때까지. 눈보라 속으로 누드가 되어 걸어간 사람들.

가난한 사람들. 너의 꿈처럼 배가 고파요. 나를 찾아온 붉은 누드를 담요로 둘둘 감을 때

얼굴도 내놓지 않고 어떻게 따뜻한 국물을 떠먹었을까? 몇 스푼의 국물은 무엇인가. 오늘 아침에 기적은 일찍 일어났는가.

타인의 의미

살갗이 따가워.
햇빛처럼
네 눈빛은 아주 먼 곳으로 출발한다
아주 가까운 곳에서

뒤돌아볼 수 없는
햇빛처럼
쉴 수 없는 여행에서 어느 저녁
타인의 살갗에서
모래 한 줌을 쥐고 한없이 너의 손가락이 길어질 때

모래 한 줌이 흩어지는 동안
나는 살갗이 따가워.

서 있는 얼굴이
앉을 때
누울 때
구김살 속에서 타인의 살갗이 일어나는 순간에

회화 수업

10분, 늦었습니다
텐 미니츠를 가장 간절하게 발음하고 싶다
약속에 대하여

10분, 쉬는 시간입니다
11분, 그런 소리는 잘 사용하지 않습니다

100년, 누가 누구를 기념합니까
매일매일, 탄생 100주년은 죽은 자들의 이름을 사용합니다
죽은 자들의 만국 공용어는 침묵입니다
가장 늦게 도착하는 메아리입니다
들리세요?

제발 회화를 하세요
10분에 대하여
봄, 여름에 대하여

주택가

가정집은 무엇일까
어린 시절은 무엇일까
나는 20세기의 어린 시절을 기억하고
당신은 21세기의 어린 시절을 기억한다
오늘날 주택가는 그런 곳
너희 엄마 집과 아빠 집의 규칙이 다르듯
누구나 다르게 살아가는 거야
똑같이 보이고 싶어 하면서

큰 개를 키우는 사람은 큰 개에게 의지하고
작은 개를 키우는 사람은 작은 개에게 의지한다
자기 머리통보다 작은 개를 꼬옥 껴안고 우는 사람이 있겠지, 오늘 밤에도 주택가는 그런 곳
버둥거리는 개가 있어
그것은 좋다는 뜻일까, 괴롭다는 뜻일까
말하는 개라면 사실대로 짖을까
말하는 창문이라면 수다쟁이 할멈일 거야, 그녀가 마음씨 좋은 할머니래도 당신은 창가에서 더 이상의 독백을 잇지 못하리

밤에 주택가를 벗어난다는 것은 무엇일까

밤의 주유소로
환하게 달려오는 차의 속도가 부러워, 당신은 골목에서 걸어 나와 골목이 없는 세계로 뛰어간다
착각처럼 무엇이 바뀔까
완전한 착각처럼 무엇을 굳게 믿을까
밤공기가 차가워, 나는 창문을 닫는다
투명한 유리창을 닫고
불투명한 유리창을 닫고 커튼을 쳐 버렸다, 화가 난 듯했다
나는 보이지 않았다

꿈꾸듯이

 우리는 단체로 벌을 받고 있다. 내 잘못은 무엇일까? 그런 어려운 질문은 쓸모없다. 빈 바구니 같은 마음으로 바구니 속의 토끼가 되자. 우리를 쭉 열거하는 똑같은 목소리로 큰길의 가로수가 되자.

 단체로 벌을 받을 때 우리는 모두 희생자의 표정을 지을 수 있다. 전부 용서하겠어요. 우리는 범인을 알고 싶지도 않아요. 생각만 해도 무섭습니다.

 손톱검사. 가방검사 같은 것. 피검사 같은 것을 하는 날에는 한없이 부끄러웠습니다. 벌을 주세요. 벌로 머릿속을 다시 청소할까요? 첫 번째 말씀을 듣고 싶어요.

 카프카는 말했다. 바보들은 피곤해지지 않기 때문에 잠을 자지 않는다. 바보들이 사는 마을로 국도(國道)의 아이들이 달려갔다.* 그리고 꿈꾸듯이 벌을 받았다. 아이들이 사라져 간 국도에서 카프카는 혼잣말을 하고 있었다. 아아, 잠이 없어지니 현실이 없어지는구나. 우리가 존재한다는 걸 무슨 수로 증명할 수 있단 말인가.

카프카와 함께 우리는 별로 붉은 벽돌을 쌓을까요?

.

* "……그곳에서는 사람들이 잠을 자지 않는대."
"그건 또 왜?"
"그들은 피곤해지지 않으니까."
"그건 또 왜 그렇지?"
"그들은 바보니까."
"바보들은 피곤해지지도 않는다고?"
"바보들이 어떻게 피곤해질 수 있겠니?"
　　──「국도의 아이들」의 대화, 어쩌면 카프카의 독백

다른 동네

폐가 되지 않는다면
댁의 화장실을 좀 써도 되겠습니까
폐가 되지 않는다면 흥겹게 먹고 마셔도 되겠습니까
저녁부터 골목이 깊어집니다
다른 동네까지
공손한 거지들이 손을 오므리고 지나갑니다
오목한 손, 저 손이
줄줄 흘리는 것들을 따라
화들짝 놀라서 피하는 사람들을 따라
좁은 길이 생기고

양쪽으로 갈라진 머릿결 같은 무리들이
눈빛을 잃고
잃어버린 것들이 공중에서 얼어붙습니다
거긴 아무것도 없습니다
이제 불을 켤 시간이 되었습니다, 주인님
 백 년 전의 하인들이 등잔을 받쳐 들고 계단을 올라갑니다
 백 년 동안

영원히 폐 끼치고 싶지 않아요
폐가 되지 않는다면
비명을 질러도 되겠습니까
마음이 없어져도 좋습니까
우리는 금세 공기 중에서 녹으니까

꿈에서 꿈으로 이동하듯
부드러운 우리는 보이지 않으니까
시간처럼
우리를 쫓아오면 금세 다른 동네이니까
험악한 얼굴로 돌아서도 되겠습니까
먼저 개가 짖습니다
사나운 개하고 친해지면 친구가 많이 생깁니다
놀랄 만한 일들은 연속해서 일어납니다
우리 아이가 없어졌어요!
밤중에 대소동이 벌어집니다

계단의 존재

건물 모서리 안쪽에 계단이 자라고 있다. 아무도 계단의 숨소리를 듣지 못했다. 계단을 오르내리는 사람들의 숨소리가 언제나 더 컸다…… 올라간다는 것, 내려간다는 것, 그 사실은 우리의 심장을 키운다. 3층 치과에 가려는 것뿐인데……

4층 치과에도 손님이 입을 벌리고 있다. "조금 더 크게 벌리세요." "더 이상 벌어지지 않아요. 내 입은 원래 조그맣단 말이오. 입이 작다고 사람을 무시하는 거요. 제기랄." 만약 꿈이었다면 나는 이렇게 말했을 것이다. 같은 건물에 치과가 두 개라는 것, 세 개라는 것, 아니 이런, 온통 치과뿐이라는 것, 도대체 세상이 어떻게 돌아가는 거야.

당신은 치아의 중요성을 모르십니까? 소리 나지 않게 음식을 씹었으니, 입을 꾹 다무는 것으로 싸움을 끝냈으니, 당신은 전쟁터의 검은 연기에 휩싸인 이빨의 존재를 망각했습니다. 큰 코 다칠 일입니다만, 혹시 당신은 코도 작습니까?

코도 작은 당신은 벽을 짚으며 계단을 내려오고 있다. 갑자기 계단이 멈추었다. 당신은 그렇게 생각했다. 당신은 심장을 꺼낼 듯이 가슴을 쥐어뜯고 있다. 당신은 여기서 죽을지도 모른다는 생각을 하고 있다. 계단의 숨소리가 들린 것 같다. 숨과 숨 사이가 한없이 길어졌다고 느낀 순간, 계단이 들썩였다. 한 겹이 아니라 두 겹, 세 겹이라는 것, 네 겹이라는 것, 당신은 무엇을 보고 무엇을 보지 않는가.

 만약 꿈이었다면 나는 보았을 것이다. 이 건물 안에는 거대한 나무가 한 계단 한 계단 자라고 있다. 건물이 뚫리는 것은 시간의 문제다. 시간이 흐르는 것이 보인다. 죽은 나뭇가지에도 산 나뭇가지에도 치과가 둥지를 틀고 있다. 사람들이 이빨을 뽑고 있다. 만약 꿈이 아니었다면 나는 영원히 믿지 않았을 것이다.

가로수의 길

플랫폼에서 서서히 떠나는 기차처럼 지나갔지
그래서 너는 참 길구나, 그런 생각을 했지
기차처럼
너는 다음 칸을 가졌구나, 그런 생각을 하며
걸어갔어
그 외에는 가진 게 없다는 듯이
기차에 대해 생각하고
너에 대해 생각하고
길거리에는 얼마나 많은 가수들이 모자를 내려놓고 있을까, 그런 생각을 하면
그들이 가장 크게 입을 벌렸을 때
땅이 조금 흔들렸으면 좋겠다
그래서 똑바로 걸을 수가 없구나, 그렇게 생각하며
가로수와 가로수의 간격은 법으로 정해져 있을까, 발과 발을 모으고 서서
뾰족한 자세로 그런 생각을 해
가로수와 가로수의 사이는 다정한 곳일까
무서운 곳일까
달리는 자동차와 달리는 자동차의 사이에 대해 생각하고

치여 죽은 것들과

죽어 가는 것들로부터 너는 얼마나 떨어져 있을까, 그런 생각을 하면

경적 소리가 되고 싶어

모두 빨리 대피해야 합니다

이 도시를 텅 비웁시다

미래에

유령이 되어 돌아오자, 다신 돌아오지 말자, 사이에서 유령의 감정을 생각해 내려 애쓰며

거울을 보다가 유리를 보듯이

너를 높이 높이 떠올리며 걸어갔어

유리창은 어떻게 박살이 났을까

유리에서 맑은 하늘까지

너는 참 길구나, 그렇게 생각이 길어져

맑은 하늘에서 물속에 잠긴 도시까지

화염이 애타게 포옹한 우리들의 도시까지

2부

발 2

　너는 좁은 문에서.

　매우 좁은 문에서. 하강하는. 퇴장하는. 문을 닫는 몸짓에 너는 푹 빠져 있다. 가장 낮은 계단이 가장 낮은 계단 아래로 천천히 소용돌이치는 광경은 네가 들어 올린 오른발에서 시작되리.

　오른발이 담긴 위대한 허공에서.

　너는 오른발을 제자리에 내려놓고 한 번 더 오른발을 들어 올리기 위해 애쓰리.

　오른발 다음에 왼발이 허공을 들고 일어설 때까지 나는 너를 정신없이 바라보리. 지금은 두 발로 허공을 더 깊숙이 찌를 때

여행에 필요한 것들

충동적으로 여행을 떠났는데 길은 꼼짝하지 않고 자동차는 기었어.

엉엉 울었지.

이럴 때 너라면 차창을 내리고 뭐라도 좀 바꿔 보겠니?

공기나 기분 같은 거. 음악 같은 거. 당신은 베란다에서 그렇게 한다.

해가 뜨겁군.

나는 고속도로 한가운데 이 망할 고물 자동차를 파킹하고 뚜벅뚜벅 걸어 나갈 거야.

뒤에서 들려오는 욕설은 이해할 수 없는 현대음악처럼.

저녁에 내가 도착한 바닷가 마을은 메뉴판 외에는 읽을 거리가 없네.

내 마음엔 백 가지 생선 이름만 가득!

오로지 죽은 생선들로만! 그렇지만 내가 죽인 건 아니지. 내가 죽인 건 따로 있지.

저런, 이 모텔엔 빈방이 없다는군. 택시도 아닌데 합승을 청할 수도 없고. 그렇지만 내 마음엔 백 가지 모텔 이름만 한가득!

하룻밤을 위한.

어떻게든 되는 일이 있고 어떻게도 안 되는 일이 있지. 어떻게든 나는 커튼을 걷으면서 아침을 맞았어.

이런, 해가 중천에 떴네.

내게 붙어 다니는 그림자는 꼭 붙어서 가장 짧고.

여행에서 우선 찾아야 할 것은 먹을 만한 식당과 잘 만한 모텔 같은 것들. 그렇다면 여행에서 꼭 필요한 문장은 몇 개나 될까?

그중에 하나는, "빈방 있어요?"(나는 진정한 빈방을 찾아서 세 시간을 달려왔어요! 쾅. 데스크를 치며.)

그중에 하나는 터미널에서. 또 식당에서 사용했다. 또 그중에 하나는 지도에 없는 곳에서.

또 그중에 하나는 당신의 베란다에서.

당신은 곧 알 수 없는 충동에 휩싸인다. 당신의 고물 자동차는 고속도로 한가운데서 사라졌는데 말이다.

화분의 둘레

이 작은 화분 한 개는 손바닥 위에 올려놓고 감상할 수 있습니다. 꽃을? 꽃과 잎을? 꽃과 잎과 벌레를? 나는 화분의 세계를 망칠 수 있습니다. 아시겠습니까. 아시겠습니까.

플러그를 뽑듯이 나는 화초를 뽑아 던질 수 있습니다. 더 이상 물이 끓지 않고, 이제부터 조용해져야 하는 것들을 생각했습니다. 전화선을 자르듯 너의 줄기를 자르고, 이전과 이후가 각각인 것들을 생각했습니다.

이후에 나는 가장 가난한 삶을 생각했습니다. 지금부터, 라고 생각했습니다.

발자국이 없고, 물이 없고, 짹짹짹 새소리가 없고, 엄마가 없고 엄마가 없는. 엄마 없이 떠 있는 별의 지표면에서. 한 명의 아기도 울지 않는 별에서 살아가는 어떤 삶, 열렬하고 고독하고 게으른 삶에 대해 생각했습니다.

나는 가장 넓은 화분의 둘레를 생각했습니다. 나는 걷다가 걷다가 지구에는 골목길이 참 많다는 생각을 했습니다.

호주머니 속에서 동전 몇 개를 내내 만지작거렸습니다. 할 수 없는 일이 참 많습니다. 그중에서 내가 하고 싶지 않은 일도 많았습니다. 내일도, 라고 생각했습니다.

따뜻한 마음

얼어붙은 마음이 녹으면서
차츰 마음이 보이지 않습니다
더욱 외로워졌어요

끝이 보이지 않습니다
우리는 헤아려지지 않습니다
너의 얼굴에 영원히 머무를 것 같은
미소는

미소가 사라지는 순간은
회오리처럼
마음이 세차게 몰아닥칠까요?

아무 일도 일어나지 않는
마음의 사막에
가득히
빛

수수께끼의 형상으로

우리의 포옹은
빛에 싸여
어둠을 끝까지 끌어당기며
서 있습니다

찢어지는 마음

가장 뜨거운 바닥에 누운 것처럼

더 이상 같은 자세는 불가능해. 가능한 것들을 열거해 줘요. 높은음, 높은음, 아름다운 멜로디에 실어.

머릿속에서 떠오르는 음표들처럼. 날아가는 풍선, 풍선처럼.

신발 가게에 엎드려 있는 신발들처럼.

어쩜 그렇게 많은 신발들이 필요할지도 모르겠네. 나의 여행은.

발의 크기와 어둠의 크기를 재어 볼까. 어둠을 쾅. 누르고 서서.

가여운 사람.

손목이나 발목 같은 곳에 눈길이 닿으면 우리의 맘은 왜 약해질까요. 너무 가여워서.

나는 울면서 뚝. 부러뜨리고 말겠지. "왜 그랬어?" "떨어지는, 이어서 떨어지는, 동시에 떨어지는 빗방울들, 죄다 깨졌어요." 그건 당연하잖아.

"당신이 메스를 든 외과의였다면 난 벌써 죽었다구." 상담소에서 고래고래 환불 소동을 벌일 때. 전부 돌려줘요. 무엇을?

마음과 몸이 같이 놀 때. 마음과 몸이 따로 놀 때. 보이는 것과 보이지 않는 것에 대하여.

허공에도 계급이 있나요. 허공에도 여러 가지 자세가 있나요. 야수파. 클래식. 자연주의. 센티멘털. 귀여운 여인. 로코코. 로코코. 점점 가늘어지는 손가락. 울부짖는 여인들. 격조. 격정. 파산. 궁핍한 생활. 전원생활. 졸음.

기타 등등 둥둥 날아가는 풍선들처럼. 보이지 않는.

허공에서 터지는.

오, 가여운 사람. 오 마이 베이비, 베이비, 당장 달려가겠어요.

호흡 1

　나는 매일아침여섯시 마룻바닥에 무릎을 꿇었습니다. 체조를 하기 전에. 날이 완전히 밝기 전에. 나는 호흡의 깊이에 대해.

　어둠에 대해 파고들었습니다. 그러므로 호흡의 가장 깊은 데서 더 깊이 들어가 틀어박혔으면…… 언제나 나는 쫓겨 나왔습니다. 아무것도 가지고 나오지 못했습니다. 잠시 후면 태어날 우리 아기의 잇몸처럼 이빨 한 개도 없이.

　그날 헤어진 연인들처럼. 아가의 첫 번째 호흡과 병자의 마지막 호흡처럼. 당신은 언제 숨쉬기가 어려운가. 숨이 쉬어지지 않을 때 대체 당신에게 무슨 일이 일어났는가. 헉,

　어느 날 아침 눈을 뜬 일이 놀라운가. 눈을 뜬 다음이 놀라운가.

호흡 2

　호흡은, 호흡기관을 폭파할 듯, 호흡기관 이후에 나의 호흡은, 저것은, 저것은 마치 오로라의 날개와 같이,

　아, 나는 쓰러지길 원해. 어느 날에는 바위섬에 다가가는 파워풀한 파도로서 나는 비인간적으로 파랗지. 항상, 항상 끄떡없는 바위섬이로군. 맨 앞에서 희게, 희게 부서지는 파도여, 나의 발작이 시작됐다. 남은 의식은 누군가 숨겨놓은 비디오카메라의 것. 당신의 눈동자가 환해질 때 그곳에 남아 있는 것. 그러나 저것은 무엇인가,

　무엇인가를 나는 포기하지 않았다. 그러니까 나는 다 보여지지 않는다.

이 사람을 보라

— 호흡 3

진흙인간

주근깨투성이 네 얼굴이 깜깜해진다. 뙤약볕 속에서

마지막 특징이 사라지는 순간에 네가 보였다. 특징이 없는 사람에게 어떻게 아는 체를 할까.

그것은 세상의 모든 사람들이 아는 얼굴이었다. 마음이 아주 복잡해졌다. 너를 본 후

내 마음이 여러 갈래로 갈라졌다.

가까운 위치

불꽃과 물방울의
쉬 꺼짐이여
어두운 방 안에서
창밖에서

더 먼 어둠 속으로
입김을 부는 사람이여
쉽게 쓰러짐이여
그렇게
흰 빛이여

목적이 있는가
점점 더 빨리
너는 걷고 있지 않은가
30분 만에
흰나비들이 폭설로 변해 가듯
그것은 내일 낮에도 그칠 것 같지 않은

핏기가 사라진 골목이여

모퉁이를 돌았는데 똑같은 골목이여
똑같이
깜깜한 창문들이여
구별하려는 듯이
너는 창문에 거의 붙어서
들여다본다

누군가의 호흡

물에 빠진 사람
드디어 총체적이 된다
나는 꿈속에서 열 번 경험했다
내게 부족한 것은 무엇인가

딱 한 번
나는 행복하였다
떠오르지 않는 꿈처럼
순종적이었다
나머지는 몽땅 악몽이었다
현실처럼
숨을 쉴 수 없었다

어렸을 때
바닷가에서 보았던 익사체가 기억난다
갑자기!

마구 키스를 퍼붓는 젊은 여자는
시체의 불타는 애인인가

그녀에게 닥친 현실을 깨닫자 뒷걸음질치는 저 여인
얼마나 멀어졌을까
어디서 무섭게 구역질을 하고 있을까
이제 보이지도 않는데
왜 그녀는 내게 이토록 친밀한가
우리 마을 사람도 아닌데
처음 본 얼굴인데

그것은 나의 현실도 아니었는데
왜 완벽한가
어떤 꿈들은
어떻게 내 것이 돼 버렸는가

네가 진짜 원하는 것은 무엇인가

 너는 다리를 바꾸어 꼬았다. 그리고 손바닥 위에 턱을 올려놓고 너는 기다린다. 손바닥은 언제나 그것을, 그것을 잃어버리면 안 된다는 듯이 감싼다.

 그래서 오늘은 너의 얼굴이 소중한 물건처럼 느껴지는가. 어느덧 무거워진 여행 가방처럼 여겨지는가.

 너는 또 다리를 바꾸어 꼰다. 이봐요, 오른쪽왼쪽 왼쪽오른쪽 당신 다리를 도대체 몇 번째 바꿔 꼬는 거예요? 만약 이렇게 싱겁게 물었는데, 네가 열네 번째라거나 열아홉 번째라고 기다렸다는 듯이 대답하면 어쩌지. 너는 진지하게.

 네가 기다리는 것이 이런 것이라고 정말로 믿어 버리면 어쩌지. 너는 분명히 잃어버리면 안 되는 것이 있다. 그것이, 그것이 무엇일까, 너는 기억해 내려고 애쓴다.

 너는 오늘 두 번씩이나 네 집 초인종을 누른 택배 기사에게 상품을 건네받았다. 바로 이것이다! 그랬으면 좋겠다고 너는 잠깐 생각했다. 그러니까 이틀 정도만 기다리면 되는 종류의 것.

 이틀 정도만 잊고 있으면 짠, 하고 네 앞에 나타나서 상기시키는 것. 네가 원하는 것이 이런 것이라고 네가 정말로 원해 버리면 어떡하지.

이봐요, 당신이 진짜 원하는 게 뭐예요? 이렇게 물었을 때, 너는 얼마나 오랫동안 머뭇거릴까. 그것이, 그것이 무엇일까, 생각하고 생각해도 너는 실망하지 않기 위해서.

 너를 실망시킬 수 있는 일은 무엇일까. 오늘 도대체 한밤중까지 일어나지 않은 일이란 무엇일까. 그리고 너는 왜 울상인가. 가장 미운 얼굴이 되도록.

어떤 손님

더러운 신발에서 끈을 풀고 솟구쳐 오르는 손님. 현관에 손님이 서 있다.

아, 생각이 났다. 나는 2년 전에 당신을 초대한 적이 있었다. 그때 했던 6인분의 요리가 생각났다. 그때 입었던 옷은 생각나지 않았다. 언제나 기억나는 것과 기억나지 않는 것과 기억나지 않는다는 사실이 기억나지 않는 것과……

아, 2년 후에 갑자기 기억나는 것이 있다. 대화 중에 '법적으로 결혼 가능한 친족'이라는 주제로 이야기를 나누었다. 분명 숨은 뜻이 있었을 거라고, 2년 후에 궁금해하는 것은 얼마나 낯부끄러운 짓인가. 손님! 손님들!

비밀스러운 애정과 비밀스러운 적의가 비밀스럽게 교환되는 자리에서 아는 것과 모르는 것과 모른다는 사실을 모르는 것과……

2년 후에 변한 것과 변하지 않은 것과 "당신은 그대로예요"라는 말이 오버over하는 것과 축소하는 것…… 말하고 싶은 것과 말하고 싶지 않은 것과 2년 후에 말할 수 있는 것과 2년 후에는 말할 수 없는 것과 영영 말할 수 없는 것……

현관에 손님이 아직 서 있는 것이다. 서서 마주하고 있는 시간이 길어지면 둘 다 어색해지는 법이다. 그러므로 나는 어서 손님에게 앉을 자리를 권해야 해!

유령 간호사

랄랄라 나는 너만 보호하네, 너는 천사의 그런 속삭임을 듣고 싶다.

너는 지금 무척 아프고 헛것을 보고 있으니까. 헛소리를 하며 공중에 손을 휘휘 젓고 있으니까. 너는 계속 무언가를 부정하고 있는 것 같다.

너는 적대자들에게 둘러싸여 있는 것 같다. 꿈속에서도 그렇군.

오늘 새벽에 나는 네 꿈의 표면에서 땀을 닦아 주는 천사야. 그것은 오래전부터 해 보고 싶었던 일이야. 땀이나 눈물 같은 것으로 손수건을 흥건하게 적시는 그런 일들.

그런 손수건을 쥐고 있으면 절대 외롭지 않을 것 같아. 너의 땀. 그리고 너의 눈물. 참 신기하게도 내 것과 똑같은 맛이 난다.

얼음주머니를 너의 뜨거운 이마 위에 올려놓고 나는 소곤거린다. 그렇게 작은 목소리는 네가 아주 가까운 데 있다는 걸 뜻한다. 듣는 사람이 없으니까 들을 수 없는 사람도 없겠지만 그래도 나는 조심하고 싶다.

잠든 사람들을 깨우지 않으려고 조심하는 발걸음 같은 것이 나의 마음이다. 그런 마음으로 나는 너만 보호하네.

나는 보일 듯 말 듯. 들릴 듯 말 듯. 나는 티를 내지 않는다.

너는 축 늘어졌구나. 그것은 쉬기에 좋은 자세야. 다시는 서서 걸어 다니지 않을 것처럼. 다시는 노동을 구하지 않을 것처럼. 너는 달콤해진다. 설탕물이 끓듯이.

왜 너의 쉬는 시간은 검은 사탕이 될 때까지 펄펄 끓어야 하는지. 나는 젖은 손수건을 쥐고서 검은 사탕은 총알을 닮았군, 그런 생각을 했다. 이유를 생각하면 항상 이상해진다.

그래도 나는 날개를 접고 생각한다. 이크, 이렇게 오래 머물다간 날개가 쓸모없어져 버리겠군.

웨이트리스

모자가 놓여 있는 테이블에서
교훈을 찾으려고 해
찻잔에서
빠져 죽은 파리를 보고
파리의 불행을 애도하는 맘이 생길 때
*빈 찻잔*에 대해 노래를 부를 순 없잖아
기울어진 *빈 찻잔*이 마음은 아니잖아요
칫, 내 마음 같은 *빈 찻잔*이 뭐예요

모자가 놓여 있는 테이블에서
연기처럼 희미하게 피어오르는 영혼 때문에
목이 메어
세계의 모든 기침 소리가 들려
거위의 날갯짓 소리까지 가깝게 들려
그가 모자를 벗었을 때
눌린 머리는 우스꽝스럽고
빗방울처럼 떨어지는 눈빛, 불쌍해 죽겠네
드디어 목젖이 울렸지

먼 데서 종이 울려

높은 곳에 종소리를 매달아 놓은 사람들이
산을 내려오고 있어, 이런
(소프라노) 산길은 매우 좁아요
(알토) 갑자기 밤이 되었네
(소프라노) 그래요, 유리창이 깜깜하군요
(알토) 오늘은 틀렸어
(소프라노) 예, 틀렸어요

우리의 웨이트리스는 다정한 듀엣처럼, 윗집 여자가 내려다본 아랫집 여자처럼
 흥흥 노래를 부르며 테이블을 치우지
 모든 것이 엎어질 수 있는 테이블에서
 모자를 발견했어
 앗, 모자를 찾으러 그는 뛰어올까?
 무엇을 망설이지? 나는 모자를 감추고
 모자 속에 나를 감추고 퇴근을 하면 끝
 오늘도 나는 상냥했어요
 불행한 파리에게
 불행한 사람에게

하얀 발

그것은 그 자리에서 울어 버린 발
첫 번째 발
발에서 발목으로 얼어붙은 그것은
시간 속으로 나쁜 예감을 풀어놓지 않는다
길길이 날뛰는 시간 속에서
그것은 어떻게 정지했는가

두 번째 발은 다른 도시에서 발견된다
언제나 두 번째 발부터 시작되는 나의 세상 구경은
진짜 같다
바보와 같다
굽이치는 보폭이여

그러나 어제의 발이여
아침 햇빛을 돌려보내는 그것은
미술관의 돌처럼
멎어 있다
발에서 발목으로
천천히 노인의 머리카락으로

획 공중으로
얼음 기둥처럼 솟아오른
그것은 하얀 수직선

그러나 두 번째 발이 벌리는 가랑이여
쉼 없이
내 사랑이 먼저 갈라지는 길이여
내가 숨차게 쫓아가는 길에서
그러나 아무리 두리번거려도 볼 수 없는
그것은

투명인간

어느 날 그 자리에서 네가 표지가 될 때
성립하는
장소

너처럼 일어선 장소에서
너는 걸어 나갔는데
다음 날까지
서 있는
그것은

세찬 물살처럼 거침이 없는 행인들을
전폭적으로
맞이하면서
장소는
어떻게 붕괴하지 않는가
어떻게 호흡하는가

5미터 앞에서 4미터 앞에서
나는 더욱 가까이 무엇을 보고 있는가

발을 밀어 넣으며
나는 좁혀진다

좁은 곳에서
나는 혼자 싸우는 것 같다
방어하지 않는
그것은
나를 다음 블록으로 보낸다

신발의 형식

신발을 믿겠어요. 내 발이 신발의 어둠과 일치하는 순간을 믿겠습니다. 제일 어두운 어둠을 믿겠습니다.

신발 끈을 묶었습니다. 그때 나는 형성되었습니다. 신발을 통해 달라진 것이 있었습니다. 어느 날 나는 단호하였습니다.

그것은 어느 날, 또 어느 날의 출근도 지방 출장도 아니었습니다. 마음의 끈은 잡을 수 없지만, 이를테면 가을 하늘이 높아서였을까요? 더 높은 곳 더 높은 곳처럼 더 낮은 곳, 더 낮은 곳, 더 낮은 곳에서 신발 끈을 묶었습니다. 신발은 언제나 신발 이상입니다.

당신, 농담이지? 아니오 나는, 신발입니다. 짧게 말했습니다.

시간차 공격처럼 전투기들이 가을 하늘을 가로질러 갔습니다. 다른 지역으로 옮겨 가는 병력들에 대해 생각했습니다. 모든 것이 느닷없었을까요?

왜? 그것은 신발의 원리입니다. 왜? 왜? 나는 신발의 원리로부터 불쑥 솟구쳐서 걸었습니다. 왜? 왜? 왜? 돌아보니 발자국이 보이지 않습니다.

3부

순간의 빛

그리고 식탁에 수박과 식칼. 무슨 생각을 하고 있는 거야? 당신이 잔인해 보여. 그리고 당신은 더없이 우아한 여성인데

검은 씨. 붉은 바탕. 당신과 같군. 화병에는 꽃과 강아지풀이

성스러운 것. 상스러워지는 기분과 통해. 잘못되어 가는 것들의 기쁨처럼 걷잡을 수 없는

그것을 조금 전에 당신은 식욕으로 표현했잖아. 식탁에서. 식탁에서 일어난 일이 아니었다면 그것은? 이지러지는

그림자가 없는 정오의 아스팔트에서. 바탕색은 검고 한가운데서 활활 타오르는 당신. 가장 뜨거운 머릿속에서 벌써 다 벌어진 일은?

머리카락이란 무엇인가

 빨강과 검정 사이에서 너의 머리카락은 매일매일 자랍니다. 눈이 가장 밝은 사람도 머리카락이 자라는 순간을 본 적이 없습니다. 그리고 눈이 어두운 우리에게 머리카락은 한 달 후에 자라는 것입니다. 머리카락에 대하여… 너의 눈빛에 대하여… 나의 마음에 대하여… 어느 날 한 달 후에 알게 되는 것들. 나는 그럴 줄 몰랐어, 그렇게 말했습니다. 나는 그럴 줄 알았어, 그렇게 말해도 똑같은 것이 있습니다.

 나는 머리카락에 대하여 의문을 품었습니다. 나는 너처럼 너는 나처럼 거울의 혼동이 가득한 곳. 세상의 모든 미용실은 기이합니다. 14세기의 가위가 전승되는 곳에서 도구들은 발전의 발전을 하였습니다. 미용실에서 지구인이 외계인인 척하며 걸어 나오고 외계인이 지구인인 척하며 걸어 나와서… 우리는 하나다, 그렇게 말했습니다. 우리는 둘이다, 우리는 셋이다, 우리는 넷이다, 우리는 다섯이다, 그렇게 말해도 똑같은 것이 있습니다. 우리는 각각의 침묵으로 돌아갔습니다. 각각의 침대에 누웠습니다. 어둠 속에서도 보이는 것들이 있었습니다.

왜 머리카락은 끝없이 자라는가. 성기를 감추듯이 머리카락을 감춘 여인들이 사랑하고 슬퍼하고 투쟁하는 이야기를 밤새 읽었습니다. 아침이 밝자 소설의 문장처럼 나는 너의 머리카락을 만지고 싶었습니다. 나는 잘못 읽었어요. 나는 잘 못 읽었어요. 나는 못 읽었어요. 어쨌든! 나는 읽었어요. 머리의 반쪽은 비밀로 가득 차 있습니다. 왜 머리카락은 시간처럼 시간처럼 끝없이 자라는가. 왜 머리카락은 정치적인가. 마침내 누가 머리카락을 해석하는가.

말굽에서 피어오르는 흙먼지

뒷굽에서 앞굽으로 피어나는 이야기
앞발과 뒷발이 섞일 때
커브에서
트랙을 사라지게 할 수 있을까요
신사국민학교 6학년 8반

또는 3월 31일
내 키는 자라는 걸 그만뒀습니다
센티미터, 밀리미터, 또 다른 눈금들, 이를테면 온도계의
당신이, 연속적인 당신이 키가 큰 사람으로 성장할 때

당신이 저 위에서 머리를 떨어뜨리고 나를 찾을 때
여보세요… 여보세요…
목소리는 뚜 뚜 작아집니다
나는 곰곰 생각했습니다

말을 타고 떠난 자들에 대하여
다음 해 꽃이 돌아오는 봄-나무에 대하여
다음 해에 죽는 일년-초에 대하여

알맞은 키에 대하여

어깨를 움츠릴 때 목이 없어지고
등을 구부릴 때
사라진 키를……
나는 힘껏 박차를 가하였습니다
새빨개지도록
성난 神처럼
수단과 목적의 무한한 근접

단 하나의 뿔이 되는 시간, 채찍처럼 긴 시간, 현재적인
현재는 흙먼지에 싸여
앞과 뒤가 없지 않겠습니까

움직이는 자화상

폐허라는 누드에 나는 들어간다
나는 약간 작으며
나는 나체이며 나체촌이며
거지들의 천막
천장이 없는 부엌이며
바닥이 더 검은 솥이며
끓어오르는 20인분의 붉은 죽
배불리 먹어도 줄어들지 않는 우리들의 음식
탕진을 향하여
우리는 아끼지 않는다
우리는 쓸쓸해지지 않는다
풀에서 풀로 옮겨가는 불과
불에서 불로 기어오르는 풀이
갈등에서
막 벗어난 혓바닥의 밝은 현재처럼
휘감기는 머리카락처럼 무용수들의 군무가 될 때
가난해라, 힘껏 가난해라
우리는 입술을 다 소비하였고
구멍은 더욱 커졌다

까마귀 떼가 몰입하는 부위에서
상한 냄새가 났다
새들이 좋아하는 것을 우리도 좋아해서
남은 고기는 천국까지 남고
지옥까지 모자라지 않는다
그러므로 이어진다
이곳은 발가벗은 하늘의 아래인가
너의 위인가
핏물은 눈송이처럼 떨어지는가
샘처럼 무지개처럼 솟는가
고기라는 축제의 현장에서

귀

빗소리를 좋아하고 어둠을 좋아하는…… 너는 소경처럼 간절하게 허공을 두드린다. 아무것도 보지 않아도 돼.

빗소리와 빗소리 아닌 소리를 듣고 있다. 가까운 곳에서 유리창이 깨졌다.

바닥에 떨어진 유리 조각을 부시는 커다란 발이 있다. 쿵 쿵 걸어 나가고 싶은 두 개의 발이 너무나 가까운 곳에 있다.

모자의 효과

 모자가 떨어져 있었어. 누군가 모자를 쓴 사람이었다가 모자를 쓰지 않은 사람이 되어 그곳을 지나갔고, 나는 길에서 모자를 주웠을 뿐인데, 모자 때문에 슬픈 것 같아.

 모자 때문에 나는 감상적이야. 절제하지 않아. 모자가 … 모자를 …어떻게 모자를 …나는 똑같은 모자를 열 번 쓰는데, 모두 다른 모자들이야. 어떻게 슬프지 않겠니?

 이를테면, 안경을 닦는 노인 때문에 투명해지는 부분이 있고, 두 번째 안경을 닦는 노인 때문에 어두워지는 전체가 있어. 드디어 소경이 되셨어요. 우리 아버지. 깊은 모자를 쓰셨어요. 우리 아버지.

 이를테면, 모자를 쓰는 순간에 나는 귓속말이 전달되는 귓속으로 빨려 드는 것 같았어. 이제 마악 의미가 진동하고 있어. 너무 가까워서 덜덜 떨려.

 길에 떨어진 모자를 주울 때, 모자가 사라지는 길이었겠지. 내 얼굴을 덮는 모자의 그림자를 느껴. 나는 초월할 수 없어! 주운 모자 때문에. 모두 다른 모자들 때문에.

보호자

 비 때문에 실내와 실외가 분명하게 구분되었습니다. 폭풍우의 효과 속에서 대화를 나누고 싶습니다. 찻잔 속의 검은 물은 고요합니다. 아름다운 찻잔입니다. 그렇지만 나는 깨지기 쉬운 도자기입니다. 값비싼 것이긴 하지만 쩝, 도자기 하나쯤이야. 당신의 아버지는 부유한 상인입니다. 소란 피우지 말고 검은 물처럼 내 안에 머무르시길. 내 안에서 마침내 임종하시길.

 바닷가의 소나무들이 한쪽으로 휘어졌듯이 나는 당신을 향해 긴 팔을 드리우고 있습니다. 그렇지만 당신은 주위를 둘러보며 혼자라는 걸 확인하려고 합니다. 누군가 지켜보고 있다는 느낌, 그것 때문에 당신은 괴로워하는 것 같습니다. 나는 당신을 위해 존재하는 눈동자, 당신을 위해 쉬지 않고 테이프를 감는 녹음기, 당신을 보여 주고 당신을 들려주는 나는 당신과 거의 동일한데도 말이죠. 마음속을 한없이 파고드는 것은 나쁜 성향입니다. 나를 따돌리지 마세요. 거짓말이라도 좋으니, 좋습니다, 계속, 계속 속이세요. 나는 믿는 척하다가 믿겠습니다. 입술이 마음을 불러내지 않으면 끝없이 타오르는 마음은 입술을 태울 겁니다. 나는 그것을 악마라고 부릅니다. 나는 당신의 미래에 먼저 가 있고 싶습니다.

당신의 미래에서 당신을 끌고 가겠습니다. 당신은 악마를 본 것 같군요. 나는 그것을 꿈이라고 부릅니다. 당신은 달아났나요? 헐떡거리는 내 사랑, 내 아기, 누구의 반대편에서 깨어났나요? 꿈의 유리 조각은 내가 치우겠습니다. 잘못 만지면, 만지면…… 그러니까 아, 이 핏방울은 나의 것입니다. 이것은 진짜 피입니다. 개의치 마세요. 우리는 한 몸이니까. 이제 당신에게 당신은 보이지 않고 나만 보여요. 그렇죠? 그렇죠?

떨어뜨린 것들

여름 과일은 물주머니지
겨울에 물은 얼지
강물이 단단해지고 있어
10센티쯤……

내 얼굴에도 눈이 쌓였으면……
나의 시체처럼
그것은 내가 볼 수 없는 풍경이겠구나

아이들은 흙장난을 하다가 이상한 것들을 발견하곤 하지
어느 날은
야구공이 굴러간 곳에서 이상한 것을 줍지
손을 잃어버린 손가락 같은 것
뭐지?

찾았니? 저쪽에서 한 아이가 소리를 지르는 것이었다

나는 깜짝 놀랐어

과일을 깎다가 둥근 과일을 떨어뜨리지
향기로운 벌레가 기어 나왔어

잠

눈을 감았다는 것

발가락이 꼬물거리며 허공으로 피어오른다는 것

발바닥이 무게를 잊었다는 것

감은 눈처럼

발은 다른 기억을 가지기 시작한다

어디에도 닿지 않은 채

그곳에 속하는

그곳에 있다

신체는 깎아지른 듯 절벽이 되었어
기도하기 좋은 곳
자살하기에 더 좋은 곳에서
나의 신체는 멈추었다
나는 그리워했다
그리워하기에 더없이 좋은 장소
절벽에 매달린 기분으로
너의 손을 잡았을까
그런 기분으로
너의 손을 놓칠 때
허공을 할퀴는 분홍 손톱들이 활짝 활짝 피어나는 곳에서
저녁의 꽃처럼 오므리는 곳에서

우주 정거장처럼

허공에서 문득
생각난 듯이 멈춘 새의 날개처럼
모래밭에 발자국 하나 쓰러져 있습니다
한 개의 발자국과 한 개의 발자국 사이
공간은

의문은
우주 정거장처럼

그녀는 희곡 작품을 쓰고 있습니다
인물과 인물의 대화 사이에
홀로 늙어 가는 여인이 오래 중얼거렸습니다

발자국 하나는
시간을 끝없이 늘려 놓습니다
지워진 이야기는
다음번에 나타납니다

낮의 신발에서 벗겨진

밤의 발이 부어오르듯이

네 번째 발자국은
세 번째 발자국을 찾아갈 것입니다
지상에 첫걸음을 뗀 아기는
미래에
홀로 아흔 살이 된다는 이야기를 들었습니다

미래에
그녀는 희곡 작품을 쓰고 있습니다
낯선 방문객이 찾아왔습니다
그자의 대사가
밤중에 큰 소리로 울려 퍼졌습니다

머리를 쳐들며

주먹을 쥐고 태어나는 아기들로부터.
살인자의 것.
주먹을 쥐고 죽도록 얻어맞는 사내의 것.
주먹을 펴는 데 일주일이 지나갔다.
돌아오지 않는
일주일이란 뭐냐.
돌아오는 일주일은 또 뭐냐구.
3일 흐리고 4일이 맑은 하늘.
머리를 쳐들며
머리란 뭘까요?
혀가 나왔다가 들어가는 머리.
물이 떨어지는 머리.
머리 위의 머리처럼 키가 큰 사람이 떨어뜨리는 것.
머리에 대한 머리처럼 옆에 선 사람이 하얗게 중얼거리는 것.
장발처럼 캄캄하게 어깨에 드리우는
3일이 잔뜩 흐리고 또
4일이 흐리고 5일이 맑은 하늘.
일주일이 후다닥 지나갔다.

머리를 쳐들며
대꾸했다.
머리의 계단. 머리의 모퉁이. 머리의 폭포에서. 머리의 갓길에서.
머리의 화장실에서
머리는 어딨니?
할 수 없이 비를 계속 맞았어.
계속되는 기침은 빗속에서 어떻게 발전하는 줄 아니?
알고 싶지 않은 것을 아는 데
일주일이 지나갔다.
혀가 나왔다가 들어가지 않는 머리 속으로.
눈알이 나왔다가 영영 되돌아가지 않는 해골의 공백 속으로.
따뜻하지 않은 곳으로
비에 젖은 나뭇잎들이 찰싹 따귀처럼 달라붙는다.
오래도록 떨어지지 않아.
여자들이 힘을 주고
빨주노초… 파랗게 파랗게 태아들이
태아들이 빨리 쫓겨나.

입도 생기지 않았는데
울음은 어디서 터져 나왔을까.
주먹을 쥔 채.
머리부터 나와서 발까지 버려져
더러운 나뭇잎을 짓이기며 내일은 벌써 뛰어다니네.

커브

너의 옆구리를 달리고 있다
멀리 당겨진 허리에서 날개 없이 날아가는 화살처럼
머리를 높이 쳐들 때까지
허리에서 샛길이 마구 쏟아진다 나는 길을 마구 대한다
어디론가
길이 하나가 되는 순간
너의 목을 향하여 직진을 시작한 나의 두 손은
목소리 속으로
비명의 근원에 닿을 때까지
0시의 시곗바늘처럼 조용해지리
오늘을 넘어
1초처럼 뾰족해지리

혼자 노는 아이가 아니다

그림자는 약간 왼쪽에서 햇빛과 만나거나
혼자 노는 오른쪽 구석으로 갔어.
그림자가 데리고 온 아이가 구석에서 깜깜해지고
어른스러워지니까 더 어두워.
그림자가 아이에게 옷을 바꿔 입힌다.
초록색 대문에서 튀어나오는 불독 같은 옷, "좋아, 나를 관찰하면 물어 버릴 거야."
그림자는 빈집을 지키는 불도그가 됐지.

파도가 먼저 벗어 놓고 간 파도 끝에서 조개껍데기를 줍듯이
오래전에 나는 혼자 놀았다.
노인의 고독 속으로
다섯 명과 여섯 명이 찾아갔다.

짧은 그림자에서 일어서서 가장 긴 다리로 걸어간 아이는
긴 그림자에서 짧은 그림자 쪽으로 옮겨 앉는 아이들과 비슷했어.
우리가 가장 짧을 때

교차하는
빛과 그림자.
아이와 그림자. 유사한 아이들.

네 명과 다섯 명이 똑같은 동작으로 우르르 한꺼번에
구부릴 때
반바지는 약간 아래로 티셔츠는 재빨리 위로 기어오르고
맨살을 당기고
밀어내고, 그림자는 먼저 벗겨져 있다.
일 년이 흐른 듯이 네 옷이 작아졌어.
발이 신발에서 흘러나오고
그림자가 옆으로 새어 나왔어.
이제 아이를 거의 다 감춘 것 같아. 아아, 무거워.

세 자매

: 3층 침대는 발명품일까.

: 그냥 천장을 뚫으며 솟아오르는 거지.

: 네 번째 아이가 엄마를 뚫고 나오면 우리는 지붕을 뚫고.

: 날아가는 지붕 위에서.

: 한여름밤 빗속의 우리들이 진정한 발명품이지.

: '세 자매'는 낡은 조직이야.

: 큰언니. 작은언니. 순서도 딱딱딱 분명하지.

: 어느 맑은 날. 식권 한 장씩을 쥐고 우리가 긴 줄을 섰구나.

: 배가 몹시 고픈 나는 너의 얇은 그림자처럼.

: 우리는 돌고 도는 지구처럼.

: 남자 친구를 공유할까. 화장품이나 하얀 속옷처럼.

: 가끔 싸우고.

: 자주 재밌는 일이 벌어질 거야.

: 나는 뒤돌아서서……

: 뒤돌아서면 절벽처럼 시간이 없어. 당장 화해하자. 당장 사랑하자.

: 언제나 변함없는 약속은 '세 자매'의 것.

: '세 자매'는 모닥불 같지 않아?

: 그러다가 손가락에 불이 붙겠다.
: 우리들의 화려한 불꽃 반지를 뽐내자.
: 붉은 머리털을 이리저리 흔들며 '세 자매'의 새 침대를 구상해야지.
: 슈퍼 퀸 사이즈를 주문 제작하면 어떨까.
: 합체하면 우리는 거대한 여왕처럼 느릿느릿 움직일 거야.
: 네 옆에 누우니까 훨씬 따뜻해.
: 너는 예뻐. 너는 똑똑해. 너는 착해. 칭찬을 나누고.
: 기분 좋은 말.
: 우리는 아픈 곳을 알지.
: 거짓말을 제대로 쓸 줄 알지.
: 미워할 줄 알지.
: 너를 용서했어. 사랑스러운 '세 자매'.
: 너를 용서하지 않았어. '세 자매'는 뒤척인다.
: 그런데 누가 먼저 잠이 들었을까.

흐르는 강물처럼

 물을 움켜쥐고 싶었니? 물고기를 움켜쥐고 싶었니? 왼손도 오른손도 할 수 없는 일이 얼마나 많은지. 물이 뚝뚝 떨어져서 빈손임을 알릴 때.

 손이 할 수 없는 일에 대한 목록을 손으로 쓰거나 손으로 꼽는다. 열 손가락으로 모자랄 때 그중에서 몇 개는 잊어버리기 십상이다. 너의 손가락과 나의 손가락을 더하면 스무 개. 그러면 몇 개를 더 잊어버리겠지. 이런, 이러다간 다 까먹고 멍청이가 되고 말겠다.

 우리는 강물에 손을 담그고 무엇을 원하는지 생각한다. 강물은 흐르고 손은 흐르지 않는다. 강물과 같은 것은 무엇일까. 지금은 나란히 나란히 물의 건반을 두드리는 우리의 손같이 희미한 것들은 무엇, 무엇일까.

허공을 물어뜯는 개들

죽은 사람들이 보이지 않는 곳에서
산 사람도 보이지 않는 곳까지
어디에

어디까지 둥둥 살코기는 떠다니는가

가까운 냄새는 얼마나 빨리 없어지는가
씻은 듯이
흰 이빨은 공허하고

개들은 어디까지 튀어나왔는가

작은 코의 한계와
활짝 열렸다가 깜깜해지는 주둥이와
허공의 무한함 속으로

나는 왜 살코기를 떼어 멀리 던지는가
우리는 어떻게 없어지는가

가까운 곳

새들이 구두를 벗었다
잠옷과 맨발보다 헐벗은 곳
환한 곳에서
이제 맨발을 벗으면 발이 사라지는 중인가

발이 잘리는 곳에서
발목부터 쓰러지는
그림자처럼
너는 세계의 일부를 덮치는가
너는 마침내 이 세계의 붉은내장에 검은머리카락에 노란흙덩이에 혀를 넣어 키스하는가
쓰라린 피부처럼

거칠어 …진다
가장 얇아 ……진다
너는 거의 ………거의 불가능해진다

너는 떠나는 중이다
가까운 곳에서

가장 가까운 곳에서
너는 기어서 기어서 돌아오는 중이다

먼 곳

> 누군가 막 내 무덤 위를 걸어갔다. 누군가가
>
> —— 존 밴빌, *The Sea*

심장 소리가 만져지는 곳에서
같은 곳에서
죽은 귀까지

잠깐 나갔다 올게
조용히
거울에 너의 메모가 붙어 있다

아침에
거울을 보고 나왔다
혀가 머무는 곳을 상기하는 뜻에서
입술을 그려 넣고
죽은 귀를 만지작거렸다

너는 말이 없어졌다
식당에서 점심을 먹었다
저녁도 같은 식당에서 먹었다

4부

너의 폭동

꽝꽝꽝 발을 구르니까 발이 커진다. 가슴을 치니까 가슴이 아프다. 발이 크고 가슴이 아픈 사람을 따라갈 것 같애. 한 번만 더 발을 구르면.

네 분노를 따라가는가. 너의 사랑을 따라가는가. 동지, 라고 부를 것 같애. 한 번만 더 내 가슴을 장작처럼 패면 네가 될 것 같애.

두 쪽으로 쪼개져서 하나의 불꽃을 이루는 것은 언제나 사랑의 꿈인가. 우리는 계속 계속 꿈을 꿀 수 있는가.

한 번 부정하고 한 번만 더 부정하면 나는 혼자 생각하지 않을 것 같애. 나는 저 수천 개의 발과 함께 쿵쿵.

탁자의 유령들

 여러분은 탁자를 완성하기 위해 착석하셨습니다. 앉아 계신 여러분, 앉아만 계신 여러분, 뒷면이 없는 여러분,

 한 분이 아닌, 두 분이 아닌 여러분, 여러분들이 들여다보고 있는 레포트의 뒷면에는 아무것도 씌어 있지 않습니다. 아무도 죽지 않았습니다. 우리의 결정을 뒤집어도 아무도 살아서 일어나지 않습니다.

 여러분도 아닌, 두 분도 아닌 한 분이 손을 번쩍 드셨습니다. 누구세요? "저, 저, 저(는 왜 말을 더듬을까요?)기요, 펜이 바닥에 떨어졌어요. 별 뜻도 없이 딴 뜻도 없이 굴러가는 저것을 어떡해."

 주우세요! 애타게 찾으세요. 쉬운 일이라고 생각하지 마세요. 탁자 밑으로 들어가는 일은 간첩의 신분처럼 위험한 것입니다. 엿듣고 싶으세요. 탁자 밑에서 영원히 나오지 마세요. 입도 뻥긋하지 마세요. 침도 삼키지 마세요. 당신은 비밀이고 우리는 비밀이 없어요. 당신은 없어요.

그리고 손톱으로 탁탁탁 탁자를 두드리시는 분, 몹시 신경에 거슬립니다. 마치 노크 소리 같지 않습니까. 탁자에 문이 있다고 믿으시는 겁니까. 어라, 손톱이 매우 깨끗한 분이시로군.

우리에게는 동의해야 할 것이 산더미처럼 쌓였습니다. 부정해야 할 것이 똑같이 높은 산입니다. 밤을 새워도 끝나지 않고 밤을 새우지 않아도 끝나지 않습니다. 여러분, 만장일치란 얼마나 지난하고 고통스럽고 아름다운 꿈인가요? 꿈결처럼 우리는 박수를 칩시다.

네 이웃의 잠을 사랑하라

 오토바이가 깨운 것은 너의 이웃들이었다. 아침이 되면 친절한 사람들로 돌아오겠지만 한밤중에 이불 속에서 뛰쳐나온 사람들은 오토바이로부터 적의 영혼을 감지했다. 악몽의 뿌리가 바깥에, 바로 여기 있었어. 우리 전사들의 분노의 나무는 싱싱하고 몽롱해. 한밤에 천둥소리를 내는 저 최후의 오토바이만 우리 마을에서 없어진다면 우리는 모두 편히 잠들 수 있을 텐데. 저마다의 십자가를 가슴에 얹고서 공동묘지처럼. 우리들이 한 번도 밟아 본 적이 없는 고층 계단처럼 외롭게.

 아침이 되면 우리가 친절해지는 이유는 외롭게 잠을 잤기 때문이야. 아름답지 않니? 낮에는 햇빛과 어린이와 노인들의 공원이 되고, 밤에는 공동묘지가 되는 곳. 이곳을 지키기 위해서라면 깜깜한 흙과 흙을 뚫고 빗장과 마지막 빗장을 열고 쿵 쿵 걸어 나올 수 있어. 우리가 뭉치면 슈퍼울트라사우루스의 위용을 완성하게 되는 거야. 어금니가 찌르르 해. 자, 이제 거대한 입을 벌리자. 오토바이 한 대쯤이야.

 아, 뭐든지 먹을 수 있을 것 같애. 먹어서 없애고 싶은 것들이 있어. 그런데 너는 어디로 내뺐니? 우리 마을에는 없는 뒷골목으로 갔니? 더러운 공장으로 갔니? 우리 마을에 없는 것들은 모두 악이야. 우리 마을에 없는 것들로부터 우리 마을에 있는 것들을 지키자. 우리는 오랫동안 싸워 왔어. 너는 원래 착한 아이였는데, 우리 모두 마음이 아프다. 부모님이 하루 종일 답답해하신다. 우리 마을에는 없는 진짜 공동묘지에 나란히 누워서. 그렇지 않아도 조용한 분들이었는데.

사악한 오토바이는 그 빛을 잃고 쓰러졌다. 당연하다는 듯이 쓰러지는 것들은 언제나 승리의 기쁨을 줄이고, 이번에는 우리들의 잠까지 줄였다. 젠장, 잠이 부족해. 그러나 하루쯤은 참을 수 있지. 오늘은 부녀회에서 주최하는 자선 바자회가 열리는 날이야. 다정한 아빠들도 귀여운 아이들도 도왔지. 우리는 헌 옷가지를 세탁하고 다림질하며 오늘의 행사를 준비해 왔어. 주말에도 우리 주위에는 불행한 이웃들이 많아.

당신의 이웃입니다

이웃이 바뀌었어요. 딩동댕, 나는 옆집입니다. 새로운 이웃은 망치를 들고 서 있었어요.

망치는 비명의 도구입니다. 대못은 4센티미터 나아갔고 나의 비명은 4센티미터를…… 더.

이 벽에 독사진과 같은 거울을 걸어 두겠습니다. 나는 그곳에서만 나타날 거예요. 나만 그곳에서 나타날 거예요. 꽝꽝 얼어붙은 겨울 호수 한가운데 얼음 구멍을 뚫고……

새벽까지 낚싯대를 드리우고 있는 사람은 무슨 생각을 할까요? 왜 당신은 지하철에서 식당에서…… 섬마을에서 또 숨어 있기 좋은 풀숲에서 여보, 여보, 여보세요를 외치면서 실종된 아내를 찾아 헤매질 않나요? 주제넘은 말이지만.

오늘 제가 드릴 말은, 당신이 이웃에게 베푼 떡은 쩝쩝 먹었단 인사. 접시를 깨끗이 씻어 왔어요. 오늘 당신의 슬픈 얼굴이 잠깐 비칠 만큼. 내일은 당신의 얼굴이 거기에서 쭈욱 미끄러질 만큼.

하늘의 길

 물 속에서 물 밖으로 2분 1초 후에 올라온 P의 얼굴을 본 순간, 아, 이 얼굴은 무엇인가.

 3년 후, 비행기는 무서워 탈 수 없다고 P는 내게 말한다. 비행기를 타지 않으면 사진에서 본 나라에 갈 수 없다고 나는 P에게 말한다. 여기서 헤어지자고 P는 내게 말한다. 3년이 지나면, 나는 P에게 편지를 쓰지 않게 된다.

 모든 게 비행기 때문이라고, 나는 물 속으로 들어가는 P에게 말한다. 물 밖으로 나온 P는 숨을 멈추는 고통과 숨을 쉬는 고통이 다르다고 말한다. 나는 P에게 모래를 뿌린다.

 3년이 지나면, 나는 P에게 모래를 뿌리지 않게 된다. 3년이 지나면, 나는 다른 해변에서 더 고운 모래를 덮고 눕는다. 모래를 덮치는 구름. 비행기와 비행기와 해가 질 때의 비행기. 구름 속에서 꺼내 보여 주는 가짜 여권들. "좋습니다." 그런 끄덕임.

 목 아래의 더 큰 가슴과 팔다리는 모래, 목 위는 얼굴. 비가 와서 나는 찡그렸다.

연인들

바다가 보인다
바닷가에서
더 좋은 것을 원하지 않는다
마치 어린 시절이 그랬다는 듯이
삐뚤빼뚤삐뚤 동요가 흘러나오던 입술이 꼭 닫히고

가장 고요한 부분이 패인다
눈을 깜박일 때
없어졌다가
같은 바다가 보인다

찬 겨울에 눈썹이 사라지는 이야기는 무서웠지
불면 날아갈 것 같은데
눈썹 같은 건 없어도 되지 않겠니?
안 돼요

우리는 꼭 붙어 앉아서
더 좋은 것을 원하지 않는다
눈을 깜박일 때

없어졌다가
영영 사라질까 봐 눈을 못 뜨는 이야기는 슬펐지
헤어져서
우리는 왜 그런 이야기를 지어냈을까
흔들리지 않는
시멘트 벽에 기대어

1년 후에

지구가 돌아왔으므로
똑같은 일이 벌어질까
그렇다면 좋겠어
나는 최초의 인간들이 떨면서 기다리던 봄처럼

1년 후에
또 시작하고 싶어
반복하고
그렇지만 네게 욕하지 않을 거야
식물을 기르고
분갈이를 해 줄 거야
죽이지 않을 거야

세상에서 제일 커다란 화분의 둘레를 알아?
네 질문은 언제나 난센스 퀴즈 같다
공원에 가자
산책로의 끝에서 내가 상상한 답을 들려줄게
같이 웃자

시장에 같이 가자
반복하고
반복해
1년 후에
같은 자리로 돌아오는 지구를 또 비추는 햇빛은
또 찡그리는 너의 이마 위에도

그렇지만 나는 웃으며
꽁치 한 마리를 네 눈앞에서 시계추처럼 흔들지
그렇지만 너는
1년 후에는 외국에 공부하러 갈 거라고 말하지

물의 친교

물고기는 움직이는 심장처럼
그러나 매우 조용히 살아가는 것들이야
물고기가 물고기를 뜯어먹을 때도 고요하지

오늘 아침 너는 피어나기 시작한다
너는 완전히 힘을 뺐다
내 안에서 자라는 식물들처럼 알 수 없이
새로운 삶처럼 끝없이
너의 머리카락이
흔들려

나는 너를 거칠게 대하고 싶어
죽은 체하는 걸까
산 체하는 걸까

나는 그림자와 친해
내 옆에 나무 한 그루가 있고
나는 나무 한 그루의 그림자와 친해
달빛은 검은 물체를 떨어뜨리지

햇빛은 잘게 부서지지
반짝이지

어젯밤 너의 눈빛은 하염없이 머물렀지
마치 눈먼 자 같은
그런 눈빛
그런 목소리로 너는 인생보다 긴 고백을 시작했어

당신이 지진이라면

 여보세요, 떠나겠다는 나의 결정이 나는 두려워요. 당신으로부터 먼 곳에 있다는 것은 무슨 의미일까요? 당신이 지진이라면 먼 곳에서 지진이란 무엇일까요? 호숫가의 오리들도 놀라지 않아요. 나는 낮잠을 깨지 않아요. 네 시간 다섯 시간이 흘러가요. 나의 낮잠은 비뚤어진 입을 틀어막고 한량없이 귀가 커져요. 펄럭이는 귀는 검은 밤에 젖어요. 귀가 커다래지니까 이곳이 얼마나 조용한 곳인지 알겠어요.

 여보세요, 여보세요, 내가 옛날 전화기를 들고 있다면 검은 전화선을 따라 수억 개의 지붕 위를 건너 텔레파시의 화신처럼 나타날 수 있을까요. 옛날 연인들은 전화선을 손가락에 감거나 목에 감았어요. 주술 같은 것이었어요. 허공을 만지는 일도 그런 걸까요? 허공에 대해 공부했다는 한의사는 내게 생활 습관을 고치라고 말했어요. 밤에 잠을 자고 아침에 밥을 먹고 그리고 허공을 자꾸 만지지 말라고 했어요. 여보세요, 여보세요, 귀를 막은 채 비명을 지르지 말라고 했어요. 침을 맞으라고 했어요.

나의 아침에 당신은 저녁 8시예요. 당신의 새벽에 나는 오후 2시예요. 먼 곳, 먼 곳, 먼 곳을 향해서 당신이라고 부르는 오후 2시에 나는 또 손이 저려요. 오후 3시에 침을 맞아요. 식전 30분에 나는 한약을 먹어요. 여보세요, 여보세요, 나는 먼 곳의 지진을 느끼지 못해요. 먼 곳에서 당신이 죽을까 봐 두려워요. 당신이 죽은 지 일 년이 지났는데 나는 슬퍼하지도 못했을까 봐 진짜 두려워요.

소나기

　빗방울과 빗방울 사이가 넓은 방, 고시원 좁은 방처럼. 툭 빗방울이 떨어졌고 너는 비를 맞지 않을 때.

　마지막 한 명까지 엉거주춤 어깨를 올리고 손바닥을 하늘로 보낸다. 어느 날 뜨거운 예배당처럼. 우리는 의혹으로부터 드디어. 3초 후, 4초 후,

　그런 시간에.

　비가 확실하게 내리니까 야야 시원해. 우리가 뛰기 시작할 때.

　이렇게 얇은 옷이 무슨 소용이람. 멋쟁이들의 꼴이 우스워질 때. 피부에 붙어서. 마음도 착 달라붙어서. 아, 피부 속으로, 피부 속으로,

　곧장 달려가는 기분으로. 이해할 수 없이 저쪽까지.

이 책

낭독을 하겠습니다. 나는 이 책의 저자를 알지 못하지만, 쿵쿵 짐승의 냄새를 맡듯이 책의 숨소리, 문체의 숨결을 느낄 때.

내가 이 책을 쓰고 있다고 생각해요. 이 책 뒤에 숨겨진 사랑을 내가 은신시켰다고 생각해요.

아아, 나는 사랑 없이는 단 한 문장도 쓰지 못해요. 바람에 맡겨진 나뭇잎 같은 마음으로 낭독을 하겠습니다.

익사하려는 사람이 서서히 잠수하는 마음으로, 그렇게 고개를 숙이며 낭독하겠습니다. 익사하려는 사람이 갑자기 허우적거리는 마음으로, 그렇게 머리를 쳐들며 낭독하겠습니다.

이 책을 부정하고, 강하게 부정하는 마음으로 낭독하겠습니다. 나는 한 글자 한 글자 녹일 듯이 뜨거운 목소리를 냅니다.

목소리에게 허공은 펄럭이는 종이입니까. 내 목소리도 하얗고 허공도 하얗습니까.

목소리는 허공을 만지고 허공은 목소리를 만집니다. 이 책이 낭독되고 있습니다. 내 목소리도 만질 수 없고 허공도 만질 수 없습니까. 지금도.

지금도 이 책은 이 책입니까.

합창단

우리들이 똑같은 모양으로 입술을 벌릴 때
입안에 담은 것과
입술 바깥으로 퍼져 나가는 것이
모순을 일으킬 때
어느 쪽에도 진실의 발톱은 달려 있어요

치솟는 얼굴에서
턱을 끌어당기며 한층 낮은 음으로 인도합니다
어느 가을날의 심정으로
우리들은 얼마나 높은 음까지 올라갈 수 있을까요?
공중에서 몸부림치는 저 새의 몸통을
마침내 벗은 하얀 깃털이
느리게
부드럽게

우리에게는 어떤 열매가 툭, 떨어질까요?
우리는 기뻐했어요

 입술 바깥으로 퍼져 나가는 것이 기약 없이 항해를 떠날 때

부두에 선 것처럼
입술이 떨렸어요
가장 검은 입술도
가장 얇은 침묵도
격렬하였습니다

어두운 부분

내일 저녁 당신을 감동시킬 오페라 가수는 풍부한 감정과 성량을 가졌다. 예상할 수 없는 감정까지 당신에게.

그러나 대부분 우리가 모두 아는 감정일 것이다. 그 중에서.

나는 얼굴을 들지 못하겠다. 우리가 모두 아는 것이 사실일 때에도. 내일까지 바닥을 끌고 가는 긴 드레스 속에는 발목이 두 개, 곧 끊어질 듯. 젖도 크다, 곧 터질 듯.

나는 믿을 수 없다. 나는 마룻바닥을 내려다보고 있다. 은빛 칼처럼 빛이 쑥 올라오는 틈새가 있다.

■ 작품 해설 ■

한없이 가까운 세계와의 포옹

이광호(문학평론가)

　어떤 시인들은 세계를 해석하는 것이 아니라, 세계를 발명한다. 대상을 묘사하는 것처럼 보이는 순간에도, 시인은 그 존재를 지금 발명하려고 하는 중이다. 이를테면 사랑의 느낌이라는 것도 '당신'을 발명하는 감각에 속한다. 하지만 발명은 완결되지 않는다. 시적인 발명은 언제나 발명 중인 발명이다. '나'는 '너'를 사랑한다. 즉 '나'는 '너'를 발명 중이다. 그 진행형으로서의 발명은 '~사이'의 발명이다. '나'와 '너'와 '그' 사이의 발명, 시간과 시간 사이의 발명, 공간과 공간 사이의 발명, 언어와 언어 사이의 발명. 김행숙이 발명 중인 세계는 한국 문학에서 낯선 미시적인 감각의 영역에 속한다. 하나의 서정적 관념이나 자아의 동일성으로부터 가볍게 이탈하여 미시적인 장면 안으로 들어갔을 때,

거기서 만나는 놀랍도록 천진하고 엉뚱하고 섬세하고 발랄하고 그럼에도 불구하고 어떤 열렬한 느낌의 세계. 가령 머리카락에 대해 노래한다면, "왜 머리카락은 시간처럼 시간처럼 끝없이 자라는가"라는 질문의 지속이 우선할 뿐, "마침내 누가 머리카락을 해석하는가"(「머리카락이란 무엇인가」)는 무의미한 세계.

1999년 김행숙이 등단했을 때, 2000년대 젊은 시인들의 저 폭죽 같은 에너지가 발화되기 시작했음을 아무도 알지 못했다. 그런데 지금 김행숙으로부터 시작되어 김행숙에게로 흘러들어 간 시적 변이는, 이제 2000년대 한국 시단의 거부할 수 없는 뉴웨이브가 되었다. 김행숙의 시는 존재와 언어의 개별화에 헌신한다. 시의 발화의 주체는 하나의 인격적 동일성으로 환원되지 않는다. 화자의 말은 완성된 실존으로부터 흘러나오는 것이 아니라, 사소하고 즉각적인 감각의 진행 그 자체이다. 의미의 논리를 만들어 내는 대신, 김행숙의 시는 미시적인 느낌의 도약이 만들어 내는 언어의 매혹을 선사한다. 그것은 미적인 것의 차원이 아니라, 감각론의 차원에 접근한다. 아이스테시스(aisthesis)의 복원, 혹은 감각적인 것의 존재론적 복권. 이 감각의 도약은 1인칭 내면성의 문법에 머물지 않고 이름 붙일 수 없는 비인칭적인 공간을 발명한다. '미시적인 것'의 발명 이후 김행숙의 시는 또 무엇을 발명 중인가? 김행숙은 지금 미시적인 세계를 타고 넘어서, 시각적인 것 너머의 세계로 다시 움직이고 있는 것은 아닌가? 내면성의 시학을 거슬러 나아가는 숨과 표피의 모험. 가령 너무 가까운 세계의 초대 같은 것.

볼 수 없는 것이 될 때까지 가까이. 나는 검정입니까? 너는 검정에 매우 가깝습니다.

너를 볼 수 없을 때까지 가까이. 파도를 덮는 파도처럼 부서지는 곳에서. 가까운 곳에서 우리는 무슨 사이입니까?

영영 볼 수 없는 연인이 될 때까지

교차하였습니다. 그곳에서 침묵을 이루는 두 개의 입술처럼. 곧 벌어질 시간의 아가리처럼.

—「포옹」

첫 번째 시로서의 풍부한 맥락을 거느리고 있는 이 시에서 눈에 띄는 것은 '가까이'라는 부사어의 반복이다. 부사어는 용언을 수식하는 문장 부속 성분이다. 부사어는 문장을 구성하는 필수적인 성분이라기보다는 용언을 세밀하게 꾸며 준다. 그런데 이 시에서 '가까이'는 '가까이 간다', '가까이 다가간다' 혹은 '가까이 한다'의 생략형으로 이해할 수 있다. 부속성분으로서의 부사가 용언을 대신하고 있는 셈이다. 부사의 동사적 사용이 실현하고 있는 문법적인 효과는 이 시의 미학적 효과와 긴밀하게 연결되어 있다. 이 시에서 용언 혹은 동사의 사용은 불안정하다. '가까이~', '될 때까지~', '입술처럼~', '아가리처럼~'이라는 언어들 속에서 용언 혹은 동사는 생략되거나 불안한 위치에 머문다. 이 시에서 유일한 동사는 "교차하였습니다."이다. 이 동사는 앞뒤에 있는 "영영 볼 수 없는 연인이 될 때까지"라는 부사구와 "그곳에서 침묵을 이루는 두 개의 입술처럼. 곧 벌어질 시간의 아가리처럼."이라는 부사구 모두의 수식을 받는 것처럼 보이는데, 그 사이에 위태롭게 끼어 있다. 하나의 동사가 두 개의 부사구에 포위되어 있는 것이다. 중요한 것은 그 부사어와 부사구들의 움직임 자체이다. 이 부사성의 담화 안에서 동작의 주체와 결과는 중요하지 않으며, 그 역할이 축소되어 있다. 문제는 다만 지금 진행 중인 동작의 방향과 감각이다.

  이 시의 제목이 '포옹'인 것은 포옹의 주체와 결과를 드러내기 위함이 아닐 것이다. 이 시에서 누가 포옹을 하고 있으며, 그 포옹은 어떻게 완성되는가를 알 길이 없다. "볼 수 없는 것이 될 때까지 가까이."라는 부사구가 암시하는 것처럼, 진행 중인 포옹의 움직임과 방향을 감각하게 할 뿐이다. 이 시에서 반복되는 "볼 수 없는"이라는 관형구는 그 포옹의 동작이 가닿는 세계의 윤곽을 보여 준다. 지금 진행 중인 포옹은 "볼 수 없는" 세계로 나아가고 있다. 왜 '볼 수 없는 세계'인가? 포옹은 '나'와 '너'가 신체적으로 밀착

되는 물리적인 사건이다. 이 사건은 주체와 대상의 물리적 거리가 사라지는 일이다. 그 거리가 사라질 때, 대상에 대한 주체의 원근법적 시선의 위치는 무화된다. 포옹의 세계에서 '나'는 '너'에 대한 시선을 확보하기 어렵다. 그런데 이 포옹이라는 사건은 '나'와 '너'의 완전한 일치를 의미하는 것도 아니다. 한없이 가까이 다가가지만, '사이'는 남는다. 다만 '나'와 '너'의 몸은 그 '사이'에서 '교차'할 뿐이다. 아마도 '사랑'을 둘러싼 몸의 감각도 이 한없이 다가가는 '교차'의 느낌에 있을 것이다. 그것이 '교차하는 사이'인 이상, 둘 사이의 포옹은 완성되지 않는다. 검정이 아니라, "검정에 매우 가까운" 세계에 도달하는 것처럼. 이 포옹의 사건은 시선을 무화하는 몸의 교차가 벌어지는 시간이다. 여기서 시간은 완성되는 것이 아니라 언제나 "곧 벌어질 시간"이다.

 아마도 이 포옹의 세계는 앞선 시집 『이별의 능력』에서 '옆'을 소재로 한 연작 시들의 연장에서 이해할 수 있겠다. 거기서 '옆'은 '연대'의 의미를 가진 관념이 아니라, 존재와 존재 사이의 감각의 차원이었다. '옆'에 대한 관심이란 '앞'에 대한 관심과는 다른 영역의 것이다. '앞'은 주체의 시선이 포획하는 '대상'의 장소이지만, '옆'은 하나의 몸과 나란히 있는 다른 몸의 위치이다. 그러면 '옆'의 세계로부터 '포옹'의 세계로의 전이는 무엇인가? 문제적인 것은 김행숙이 발명 중인 세계는 '옆'의 세계를 대신할 '앞'의 세계가 아니라, '가까이'의 세계라는 것이다. '가까이'의 세계는 '앞'이라는 관념을 둘러싼 주체의 지위를 무너뜨리고 한없이 다른 몸에 접근하는 '부사형 동사'의 세계이다. 그것은 '옆'처럼 위치나 상태를 드러내는 것이 아니라, 극히 사소한 움직임의 방향만을 드러낸다. 거기서 원근법적 주체를 대신하는 것은 흔들리는 눈과 숨과 피부를 가진 존재이다.* '앞'이나 '옆'이 아니라, '가까이'와 '사이'를 발견하는 존재.

> 가로수와 가로수의 간격은 법으로 정해져 있을까, 발과 발을 모으고 서서
> 뾰족한 자세로 그런 생각을 해
> 가로수와 가로수의 사이는 다정한 곳일까
> 무서운 곳일까
> 달리는 자동차와 달리는 자동차의 사이에 대해 생각하고
> 치여 죽은 것들과
> 죽어 가는 것들로부터 너는 얼마나 떨어져 있을까, 그런 생각을 하면
> 경적 소리가 되고 싶어

---

* "원근 투시법적 공간은 '실험실 – 주체'의 특정한 시각일 뿐이다. 주인처럼 원근법적 공간을 관할하는 존재로 설정된 '나'는 사실상 그 공간을 늘 흔들어 놓는 자이며 그곳에서 햇빛에도 바람에도 흔들리는 불안한 눈동자이며 코이며 피부이다." 김행숙, 「가로수 원근법의 끝에서」(《시안》 2008년 겨울호).

모두 빨리 대피해야 합니다

　　이 도시를 텅 비웁시다

　　미래에

　　유령이 되어 돌아오자, 다신 돌아오지 말자, 사이에서 유령의 감정을 생각해 내려 애쓰며

　　　　　　　　　　—「가로수의 길」에서

　가로수의 세계는 두 가지 층위에서 흥미롭다. 그것은 자연 발생적인 것이 아니라 도시의 계획에 의해 획일적으로 만들어진 것이라는 점, 평면적인 도시 풍경에서 원근법적인 조망을 선사한다는 점이다. 물론 이 시는 도시 생태적인 관점을 드러내거나 도시 공간에서의 낭만적 시간을 포착하고 있는 것은 아니다. 이 시에서 오히려 문제적인 시적 질문은 "가로수와 가로수의 사이"에 관한 것이다. 나무들은 도시의 길의 일부가 됨으로써 그 체계의 내부가 된다. '사이'에 대한 질문은 도시계획과 원근법적 체계 속에 가로수의 질서를 다른 차원으로 돌린다. 일렬로 늘어선 '가로수의 길'이 도시의 구획과 체계를 보여 주는 것이라면, '사이'의 질문은 도시 공간의 인간화된 질서 안에서의 '외부', 가령 공포와 죽음과 야만을 생각하게 만든다. 이를테면 그것은 도시 안에서 '유령의 감정'을 사유하는 일이다. '가로수 되기', '유령 되기'의 방식으로 도시 공간을 '다시 사는' 모험. 그런 의미에서 '가로수의 길'은 시적이고 정치적이다.

빗소리를 좋아하고 어둠을 좋아하는…… 너는 소경처럼 간절하게 허공을 두드린다. 아무것도 보지 않아도 돼.

빗소리와 빗소리 아닌 소리를 듣고 있다. 가까운 곳에서 유리창이 깨졌다.

바닥에 떨어진 유리 조각을 부시는 커다란 발이 있다. 쿵쿵 걸어 나가고 싶은 두 개의 발이 너무나 가까운 곳에 있다.
―「귀」

이를테면, 안경을 닦는 노인 때문에 투명해지는 부분이 있고, 두 번째 안경을 닦는 노인 때문에 어두워지는 전체가 있어. 드디어 소경이 되셨어요. 우리 아버지. 깊은 모자를 쓰셨어요. 우리 아버지.

이를테면, 모자를 쓰는 순간에 나는 귓속말이 전달되는 귓속으로 빨려 드는 것 같았어. 이제 마악 의미가 진동하고 있어. 너무 가까워서 덜덜 떨려.

길에 떨어진 모자를 주울 때, 모자가 사라지는 길이었겠지. 내 얼굴을 덮는 모자의 그림자를 느껴. 나는 초월할 수 없어! 주운 모자 때문에. 모두 다른 모자들 때문에.
―「모자의 효과」에서

'가까이'라는 부사어의 반복되는 출현과 함께 두 편의 시에서 공통으로 등장하는 것은 '소경'의 이미지다. 시각 능력을 상실한 자는 청각과 촉각으로만 사물을 파악할 수 있다. "눈을 떴는데, 눈을 감았을 때와 같은 어둠!/ 당신의 몸은 없고 당신의 목소리만 있습니다."(「밤입니다」)와 같은 세계이다. 귀와 피부로 파악하는 세계는 원근법적 시선의 힘으로 사물을 파악하는 것과는 다른 세계에 속한다. 이 '청각-촉각'으로 파악하는 세계는 몸과 한없이 가까운 세계, 혹은 가까워지는 세계이다. 시각은 대상과의 '거리'가 필요하지만, 이 세계에서는 대상과 몸이 가까울수록 감각이 증폭되는 세계이다.

첫 번째 시에서 가까운 곳에서 유리창이 깨지는 일은 청각적으로 파악한 것이지만, 바닥에 떨어진 유리 조각을 느끼는 발은 "너무나 가까운 곳"에 있는 또 다른 몸이다. 피부가 외부를 감각하는 것은 소리 혹은 촉각을 포함하는 진동의 감각이다. 두 번째 시에서 '모자의 효과'는 '청각-촉각'의 감각적 증폭이다. 깊은 모자를 쓸 때, "귓속말이 전달되는 귓속으로 빨려 드는 것" 같은 감각은 "너무 가까워서 덜덜 떨"리는 감각이다. 그런 감각의 영역에서 "의미가 진동하고", "초월할 수 없"는 것은 필연적이다. 문제는 귀와 피부에 닿는 어떤 진동이며, 그 진동의 세계는 '의미'와 '초월'의 관념 바깥에 있다. 그건 감각적인 것의 폭발 그 자체다. 유리 조각과 모자는 신체의 진동으로 '느끼는' 것이다.

발이 잘리는 곳에서
발목부터 쓰러지는
그림자처럼
너는 세계의 일부를 덮치는가
너는 마침내 이 세계의 붉은내장에 검은머리카락에 노란 흙덩이에 혀를 넣어 키스하는가
쓰라린 피부처럼

거칠어 …진다
가장 얇아 ……진다
너는 거의 ………거의 불가능해진다

너는 떠나는 중이다
가까운 곳에서
가장 가까운 곳에서
너는 기어서 기어서 돌아오는 중이다
─「가까운 곳」에서

 가까운 곳은 어디인가. 장소는 이미 만들어진 어떤 공간이다. '가까운 곳'이라는 장소는 '나'와의 거리감을 전제로 한다. '나'와 대상으로서의 공간과의 관계가 "가까운 곳"이라는 명명 안에 있을 것이다. 그런데 이 시는 '너'라는 2인칭 주체를 등장시킨다. 2인칭 주체는 1인칭 주체를 숨은 관찰자

인 동시에 숨어서 말 거는 자로 만든다. 또한 그것은 1인칭 주체의 인격적 실명성을 박탈한다. 거기서 '나'와 '그곳'과의 주관적 거리감은 '너'와 '그곳'과의 익명적 거리 감각으로 대체된다. 이것은 '너'가 세계와 접촉하는 방식의 문제일 것이다. 이를테면 "이 세계의 붉은내장에 검은머리카락에 노란흙덩이에 혀를 넣어 키스하는가/ 쓰라린 피부처럼"이라고 표현했을 때의 촉각적으로 세계와 만나는 방식. 거기서 '거칠어진다' '얇아진다' 따위의 촉각적인 감각이 시각을 대신한다. "쓰라린 피부"로 만나는 이 촉각적 세계에서 떠나는 것은 "가까운 곳에서/ 가장 가까운 곳에서" "기어서 돌아오는" 일이기도 하다. '쓰라리다'라는 느낌은 고통의 감각을 통해 세계와 만나는 일이다. 피부는 무방비로 노출되어 있고 언제나 다칠 준비가 되어 있다. 한없이 가까운 곳으로 근접하고 밀착할 때, 피부는 상처 받는다. 가깝다 혹은 멀다는 판단을 가능하게 하는 것은 시선의 주체로서의 '나'를 중심으로 한 시각적 질서 때문이다. 그러나 한없이 가까운 곳으로 '기어서 돌아오는' 2인칭 '너'라는 모호한 주체는 이 시각적 질서를 무너뜨리고 "거의 불가능해"지는 주체가 된다.

　살갗이 따가워.
　햇빛처럼
　네 눈빛은 아주 먼 곳으로 출발한다

아주 가까운 곳에서

뒤돌아볼 수 없는
햇빛처럼
쉴 수 없는 여행에서 어느 저녁
타인의 살갗에서
모래 한 줌을 쥐고 한없이 너의 손가락이 길어질 때

모래 한 줌이 흩어지는 동안
나는 살갗이 따가워.

서 있는 얼굴이
앉을 때
누울 때
구김살 속에서 타인의 살갗이 일어나는 순간에
　　　　　　　　　　　—「타인의 의미」

　표제작은 그런 의미에서 이런 감각적 혼종의 세계를 집약적으로 드러내 준다. 먼 곳과 가까운 곳을 구별하는 것은 시각적 지각에 의해서이다. 그런데 햇빛은 가까이 있는가 멀리 있는가? 태양은 물리적으로 아주 먼 곳에 있지만, 태양의 빛이 피부에 와 닿는 감각은 아주 가까운 것이다. 확실한 것은 "살갗이 따가워."라는 느낌 자체이다. "네 눈빛은 아주 먼 곳으로 출발"하지만, 햇빛은 따갑고 "뒤돌아볼 수 없"다. 태양을 정면으로 응시하는 것은 어렵다. 그러나 살갗에 닿은 햇빛의 따가움으로 태양의 존재를 알 수 있다. 감각의 주체는 시각적인 실감을 촉각적인 실감으로 다시 쓴다. 광학적인 사건을 촉지적인 사건으로 다시 읽는다. 접촉이라는 사건은 '타인의 살갗'을 만지는 감각, 그 순간 "손가락이 길어질 때"의 감각이다. 그것은 역으로 "타인의 살갗이 일어나는 순간"이기도 하다.

'타인의 의미'라는 이 시의 제목은 사실, 타인의 의미에 대해 아무것도 말해 주지 않는다. 문제는 타인에 대한 존재론적인 감각이다. '살갗이 따가워.'라는 문장의 반복이나, '타인의 살갗'이라는 단어의 반복이 구축하는 것은 타인의 존재를 감각하는 방식의 문제이다. 이 시의 단속적인 이미지들을 상상적으로 연결해 보자. 햇빛이 강한 여행지에서 살갗이 따가워지는 경험과 타인의 살갗을 만나는 경험은 모두 '살갗'의 사건이다. 여행지의 따가운 태양 때문에 피부는 타인의 살갗 혹은 모래와 같은 매끄럽지 않은 표면이 되었다. 이때 여행의 모험은 모래-피부를 향해 길어지는 손가락의 모험으로 환유된다. 저녁이 와서 서 있는 얼굴이 앉거나 누울 때, 그 휴식의 순간에 피부는 접히고 그 주름살은 다시 '타인의 살갗'을 감각하게 만든다. 태양 아래 서 있든, 아니면 저녁에 몸을 누이든 이것은 모두 살갗을 둘러싼 경험에 해당된다.

아마도 여기서 '타인'이란 실재하는 타인이기보다는 '나'와 '너'의 피부에 이미 내재된 '타인'일 것이다. 햇빛 때문에 표면이 거칠어지거나 껍질이 일어난 피부는 누구의 피부인가? 이 시에서 1인칭인 '나', 2인칭인 '네 눈빛'·'너의 손가락', 3인칭인 '타인의 살갗' 등 주어들이 혼재되어 있다. 그 속에서 신체의 표피는 1인칭과 2인칭과 3인칭이 동시에 들끓는 장소가 된다. 인칭의 경계와 구분은 사라지고 이름 붙일 수 없는 '살과 표피의 코기토'들만 남는다. 피부는 '나'와 '너'의 피부이면서, 햇빛이 만진 피부, 햇빛에 상처 받은 피부, 햇빛-타인이 이미 스며들어 있는 피부이다.* 일어나는 살갗의 불안정성은 이미 타인의 살갗이 되어 있다. 살갗이 따가워지는 고통은 피부가 다른 세계와 만날 때 감수해야 할 고통이다. 타인은 여기서 하나의 대상, 하나의 의미가 아니라, 살갗의 사건이다. 표피의 세계에서 '나'와 '너'의 살갗은 그 안에 '타인의 살갗'을 내재하고 있다. 그래서 이 시를 살갗과 살갗이 서로 뭉개지고 상처 받는 에로틱한 장면으로 읽을 수 있는 가능성도 생긴다.

나는 매일아침여섯시 마룻바닥에 무릎을 꿇었습니다. 체

---

* "피부는 무한 혹은 절대적 타자와의 만남이 이루어지는 지평이다." 이 시에 나타난 '피부 주체'의 문제에 대해서는 서동욱의 글 「피부 주체」(《문학과사회》 2008년 겨울호)가 있다.

조를 하기 전에. 날이 완전히 밝기 전에. 나는 호흡의 깊이에 대해.

어둠에 대해 파고들었습니다. 그러므로 호흡의 가장 깊은 데서 더 깊이 들어가 틀어박혔으면…… 언제나 나는 쫓겨 나왔습니다. 아무것도 가지고 나오지 못했습니다. 잠시 후면 태어날 우리 아기의 잇몸처럼 이빨 한 개도 없이.

그날 헤어진 연인들처럼. 아가의 첫 번째 호흡과 병자의 마지막 호흡처럼. 당신은 언제 숨쉬기가 어려운가. 숨이 쉬어지지 않을 때 대체 당신에게 무슨 일이 일어났는가. 헉,

어느 날 아침 눈을 뜬 일이 놀라운가. 눈을 뜬 다음이 놀라운가.

—「호흡 1」

이제 호흡에 대해 얘기해 보자. 호흡이란 산소를 들이마시고 이산화탄소를 내뱉는 가스 교환의 작용이다. 이 작용이 생명의 유지하는 데 필수적인 것임은 상식에 속할 것이다. 그러나 이 호흡의 작용을 의식하게 되는 것은 어떤 극단적인 순간이다.* 호흡은 몸 안에서 일어나는 작용이면서 동시에 몸 밖의 공기와 상호 교환하는 작용이다. 호흡은 몸 내부에서만 일어나는 자족적인 일이 아니다. 이른바

'외호흡'과 '내호흡'이 동시에 일어나는 것이다. '호흡의 깊이'는 호흡이 일종의 몸 안으로의 모험이라는 것을 암시한다. "호흡의 가장 깊은 데서 더 깊이 들어가 틀어박혔으면"이라는 표현은 그 모험의 갈망과 그것의 불가능성을 보여준다. "언제나 나는 쫓겨 나왔습니다."라는 문장에서 '나'는 누구인가? '나'는 호흡의 주인이 아니라, 호흡의 깊은 곳으로 숨고 싶은 또 다른 존재일 뿐이다. 더 깊은 호흡 속으로 들어가고 싶은 갈망은 마치 타인의 살갗에 스며들고 싶은 '포옹'처럼, 완성될 수 없는 것이다. 너무 깊이 들어가면, 혹은 빈 공간이 주어지지 않으면, 호흡 자체가 곤란해지며, 그것은 죽음을 의미할 것이다.** "아기의 첫 번째 호흡"과 "병자의 마지막 호흡"은 호흡이 가장 중요한 문제로 대두되는 순간, 생과 죽음의 순간에 일어나는 호흡이다. 그것은 또한 의식과 호흡 사이의 관계를 상징적으로 드러낸다. 호흡은 몸을 둘러싼 처음의 사건이며, 마지막 사건이다. 호

---

* "호흡은 우리와 가장 가까이 있는 것, 가장 흔한 것, 가장 자명한 것이다. 그것이 우리에게 처음 일어난 것으로 체험되는 사태, 즉 숨쉬기라는 행위에 대한 각성은 죽음을 가장 가까이에서 마주하게 한다." 김행숙, 「숨쉬는 일에 대하여」, 《시안》 2009년 봄호).

** "숨을 쉬기 위해서는 빈 공간이 필요하다. 거대한 손바닥이 어느 골목에서 튀어나와 나의 코와 입을 틈 없이 틀어막는다면, 불행하게도 나는 숨을 쉴 수 없을 것이다. 그것은 비명횡사의 한 장면./ 그러나 우리의 사랑은 틈을 좁히고자 한다. 가장 가깝다는 것은 어떤 상태일까. 나는 오늘도 너에게 더 가까이 가려고 애쓴다. 가까운 곳에서 멀어지는 너는 내게 숨을 쉬라고 말하는 것일까." 김행숙, 「숨쉬는 일에 대하여」, 《시안》 2009년 봄호).

흡은 의식 이전에 있다. 호흡이 없다면, 의식도 없을 것이다. 첫 번째 호흡과 마지막 호흡은 의식 이전의 호흡 혹은 의식할 수 없는 호흡일 것이다. 가령 "눈을 뜬 일"과 "눈을 뜬 다음"은 눈을 뜨는 것을 의식하는 시간이 주어지는가의 문제이다. 호흡은 주체의 주관 아래 벌어지는 것이 아니라, 의식 이전의 몸의 경계에서 벌어지는 사건이다. 호흡의 작용은 그래서 시적이다.

    호흡은, 호흡기관을 폭파할 듯, 호흡기관 이후에 나의 호흡은, 저것은, 저것은 마치 오로라의 날개와 같이,

    아, 나는 쓰러지길 원해. 어느 날에는 바위섬에 다가가는 파워풀한 파도로서 나는 비인간적으로 파랗지. 항상, 항상 끄떡없는 바위섬이로군. 맨 앞에서 희게, 희게 부서지는 파도여, 나의 발작이 시작됐다. 남은 의식은 누군가 숨겨 놓은 비디오카메라의 것. 당신의 눈동자가 환해질 때 그곳에 남아 있는 것. 그러나 저것은 무엇인가.

    무엇인가를 나는 포기하지 않았다. 그러니까 나는 다 보여지지 않는다.
                                        —「호흡 2」

여기서도 '호흡', '호흡기관', '나의 호흡'은 조금씩 다른

층위이다. "호흡 기관 이후의 나의 호흡"은 호흡이라는 몸의 작용과 그것을 의식하는 '나'라는 주체의 관계를 보여준다. 아마도 '나의 호흡' 이전에, '호흡기관'이 있고, '호흡기관' 이전에 '호흡'이 있다고 말해야 할 것이다. 가장 근원적인 주체는 '호흡' 자체이며, 그것은 온전히 '나'의 영역이 아니라, 이름 붙일 수 없는 몸 안의 타자의 것이다. 그것을 "오로라의 날개"와 같은 우주 공간에서 벌어지는 다중적인 아름다움으로 표현한 것은 그래서일 것이다. "나의 발작"이 시작된 이후에도 "남은 의식은 누군가가 숨겨 놓은 비디오 카메라의 것." 그 남은 의식은 이미 '나'의 의식이 아니다. "나는 다 보여지지 않는다."라는 마지막 선언은 그래서 호흡과 '나'와 '나의 의식' 사이의 다중적인 관계를 집약한다. 그래서 호흡은 '비인간적'이며, 비인칭적인 것이다.

당신과 눈을 맞추지 않으려면 목은 어느 방향을 피하여 또 한 번 멈춰야 할까요. 밤하늘은 난해하지 않습니까. 목의 형태 또한.

나는 애매하지 않습니까. 당신에 대하여.

목에서 기침이 터져 나왔습니다. 문득, 세상에서 가장 긴 식도를 갖고 싶다고 쓴 어떤 미식가의 글이 떠올랐습니다. 식도가 길면 긴 만큼 음식이 주는 황홀은 천천히 가라앉을까요, 천천히 떠나는 풍경은 고통을 가늘게 늘리는 걸까요, 마침내 부러질 때까지 기쁨의 하얀 뼈를 조심조심 깎는 중일까요. 문득, 이 모든 것들이 사라져요.

　소용없어요, 목의 길이를 조절해 봤자. 외투 속으로 목을 없애 봤자. 그래도 춥고, 그래도 커다란 덩치를 숨길 수 없지 않습니까.

　그래도 목을 움직여서 나는 이루고자 하는 바가 있지 않습니까. 다리를 움직여서 당신을 떠나듯이. 다리를 움직여서 당신을 또 한 번 찾았듯이.
　　　　　　　　　　　　　―「목의 위치」에서

　이 아름다운 시는 '목의 위치'로 상징되는 몸의 불가능성을 사랑의 불가능성과 겹쳐 놓는다. 목의 위치와 형태가 '기이'하고 '난해'한 것은, 그것이 '내 마음'에 우선하기 때문이다. "당신에게 인사를 한 후 곧장 밤하늘이나 천장을 향했다면, 그것은 목의 한 가지 동선을 보여 줄 뿐"이지만, "내 마음이 내 마음을 구슬려 목의 자취를 뒤쫓"는다. 사랑의 사건은 여기서 목의 사건이며, 마음은 다만 그 목의 위치와 동선을 뒤쫓는다. 목의 길이가 길어지면, "고통을 가늘게 늘리는" 것일지도 모르나, "소용없어요, 목의 길이를 조절해 봤자."라고 탄식할 수밖에 없다. 시의 전반부에서 목의 위치는 마음에 우선하는 것이지만, 후반부에서 목의 길이를 조정하여 무언가를 이루려 하는 갈망은 완성되지 않는다. 아마도 여기에는 두 가지 명제가 겹쳐 있을 것이다. 사랑의 사건이 목의 사건 혹은 다리의 사건이라는 것이 그 하나라면, 두 번째는 사랑을 향해 몸을 움직이는 일은 궁극적으로 완성되지 않는 일, 불가능한 일, 혹은 사라지는 일이라는 것이다. 이 시의 마지막 문장들이 보여 주는 목의 가능성은, 목의 불가능성, 사랑의 불가능성 다음에 남아 있는 어떤 움직임이다. 마치 목의 길이를 조정하는 것은 소용없지만, 목을 움직일 수는 있는 것처럼. 그 한없는 움직임의 순간만이 유일한 것처럼. "오른발 다음에 왼발이 허공을 들고 일어설 때까지 나는 너를 정신없이 바라보리. 지금은 두 발로 허공을 더 깊숙이 찌를 때"(「발 2」)의 순간처럼.

"우리가 존재한다는 걸 무슨 수로 증명할 수 있단 말인가."(「꿈꾸듯이」)라는 질문이 중요하다면, 그 질문에 대한 대답은 '나'라고 할 수조차 없는 몸이 목과 발을 움직여 무언가에 다가가고 있다고 대답할 수밖에 없을 것이다. '지금 만지러 가고 있다'라고. 당신과 내가 한없이 김행숙에게 가까워질 때, 김행숙이라는 이름은 "거의 불가능해진다". 다만 그 순간 살갗이 일어나는 것을 알게 될 것이다. 김행숙을 읽는 것은 그래서 시를 만지는 것, 그 표피의 진동에 닿는 것이다. 그것은 신체와 타자가 접하는 표면에서 떨리는 유물론적 사건이다. 다가감은 상처와 파열을 감수하는 표피의 모험이다. 이제 만지면 혹은 만져지면 느낄 수 있다. 그러나 한없이 껴안으면 영원히 가닿지 못하고, 또한 조금씩 사라진다. 포옹을 통해, "누군가, 누군가 또 사라지는 속도"(「서랍의 형식」)를 느낄 뿐. 그래도 이 포옹을 멈출 수 없다면?

김행숙

1999년 《현대문학》으로 등단하였으며 시집 『사춘기』와 『이별의 능력』을 펴냈다.
'노작문학상'을 수상했으며 현재 강남대 국어국문학과 교수로 있다.

타인의 의미

1판 1쇄 펴냄 · 2010년 11월 11일
1판 9쇄 펴냄 · 2022년 3월 11일

지은이 · 김행숙
발행인 · 박근섭, 박상준
펴낸곳 · **(주)민음사**

출판 등록 1966. 5. 19. 제16-490호
서울특별시 강남구 도산대로1길 62(신사동)
강남출판문화센터 5층 (우편번호 06027)
대표전화 02-515-2000 / 팩시밀리 02-515-2007
www.minumsa.com

ⓒ 김행숙, 2010. Printed in Seoul, Korea
ISBN 978-89-374-0786-4 03810

* 잘못 만들어진 책은 구입처에서 교환해 드립니다.